Apolônio de Tiana

Sábio, Profeta e Renovador dos Mistérios

Apolônio de Tiana

Sábio, Profeta e Renovador dos Mistérios

G.R.S. Mead

Tradução:
Raul Branco

EDITORA
TEOSÓFICA

Título do Original em Inglês
Apollonius of Tyana

Kessinger Publishing Company
Montana, U.S.A.

EDITORA TEOSÓFICA
SIG Quadra 6, Nº 1235
70.610-460 — Brasília-DF — Brasil
Tel.: (61) 3322-7843
E-mail: editorateosofica@editorateosofica.com.br
Site: www.editorateosofica.com.br

M 481 Apolônio de Tiana – Sábio, Profeta e
Renovador dos Mistérios
G.R.S. Mead

Brasília, 3ª ed., 2022.
ISBN: 85-85961-27-9

1 – História do Pensamento Religioso
2 – Origem do Cristianismo
3 – Neopitagorismo

CDD 200.1

Capa: Marcelo Ramos
Diagramação: Ana Paula Cichelero
Revisão:
Carlos Cardoso Aveline
Edilson A. Pedrosa
Zeneida Cereja da Silva

Sumário

Prefácio da Edição Brasileira

A primeira pergunta que um leitor exigente fará a si mesmo ao deparar-se com um livro como este é: Qual o interesse ou a relevância deste livro para mim?

A vida de Apolônio de Tiana é da maior importância para o atual movimento mundial que busca pôr um fim a todas as barreiras artificiais de separatividade responsáveis pelos antagonismos entre homens e nações. Apolônio de Tiana viveu durante o primeiro século de nossa era e dedicou sua vida a promover o que havia de melhor e mais elevado na tradição religiosa de cada povo, adotando um universalismo sem resquícios de sectarismo religioso. Ele fazia o bem a todos, ensinando a mais pura ética por suas palavras e exemplo. Sua missão principal, no entanto, parece ter sido resgatar os ensinamentos mais profundos da Tradição-sabedoria, que haviam servido de fundação para os diversos grupos esotéricos e de Mistérios espalhados por todo Oriente Médio e grande parte da Europa que, com o tempo, foram perdidos ou desvirtuados.

Apolônio foi, portanto, um verdadeiro ecumenista, não só aceitando a religião de todos os povos e grupos espirituais, mas, indo mais longe, ajudando-os para que se tornassem melhores dentro de sua própria tradição. Para isto, lhes ensinava o verdadeiro sentido dos símbolos e ensinamentos básicos que pautavam seus rituais e práticas religiosas. Em vez de engajar-se no proselitismo tendencioso de todos aqueles que julgam possuir a única verdade espiritual, Apolônio aceitava todos os homens como eles eram e procurava ajudá-los em sua busca interior dentro de seus próprios parâmetros culturais e religiosos. Ele nos mostra que todas as religiões, em seus primórdios, tinham elementos positivos, capazes de ajudar o ser humano a religar-se com Deus (a palavra religião vem do latim *religare*). Sua vida e ministério oferecem um exemplo contundente de que a crítica à religião e prática religiosa dos outros não é construtiva, e muito menos as tentativas de proselitismo.

Um fato de grande interesse para os leitores desta obra são as notáveis semelhanças entre as vidas, os ensinamentos e os ministérios de Apolônio e Jesus. A grande sabedoria e compaixão demonstradas por estes dois sábios é conhecida de todos os estudiosos, mas não chega a surpreender, pois estas são sempre as características marcantes de todos os grandes mestres. Fenômenos paranormais, que em nossa cultura chamamos de milagres, tão comuns na vida de todos os grandes seres, também ocorreram na vida de ambos. Mas o que é mais curioso são algumas características específicas pouco conhecidas: ambos mantinham os cabelos e a barba compridos, talvez expressando a antiga tradição dos *nazars* (homens santos que se dedicavam ao serviço de Deus); vestiam-se de túnicas brancas e andavam descalços em suas extensas peregrinações; não tomavam bebidas alcoólicas e não comiam carne; combatiam a intransigência religiosa e ensinavam a libertação do sofrimento a todos os seres; aceitavam em seu meio todos os homens, sem discriminar entre cidadãos e estrangeiros, ricos e pobres, justos e pecadores, nobres e humildes.

Até o fim do século II, a imagem e os ensinamentos de Apolônio eram reverenciados por todos os povos que visitou. Infelizmente, porém, a partir do século III, o movimento cristão, cada vez mais preocupado em difundir o dogma da divindade de Jesus, conseguiu progressivamente denegrir a imagem de Apolônio. Seus milagres e elevados ensinamentos eram vistos pelo clero do movimento cristão, como que competindo com os de Jesus e, assim, foi iniciada uma campanha, liderada pela Igreja, para desacreditar Apolônio e seus ensinamentos. Isto significou que seus escritos foram condenados e, mais tarde, quando o Cristianismo passou a ser a religião oficial do Império Romano, destruídos e queimados, como ocorreu também a outros movimentos rivais dos grupos *gnósticos*, chamados hereges pela Igreja nascente. Portanto, foram poucos os documentos sobre a vida de Apolônio que sobreviveram aos séculos de perseguição e destruição.

As semelhanças entre as vidas de Apolônio e de Jesus e, porque não dizer também, com as vidas de outros grandes seres como Pitágoras, Krishna e Gautama, deveriam nos alertar para o fato de boa parte dos relatos da vida do sábio de Tiana serem alegóricos. Estes relatos teriam sido preparados de forma intencional para revelar, aos que têm olhos para ver, verdades que normalmente só eram apresentadas aos iniciados nos Mistérios. Os relatos da vida de Apolônio, portanto, deveriam ser interpretados com as chaves de interpretação das escrituras sagradas que atualmente estão disponíveis.[1] A natureza deste simbolismo é mencionada por Blavatsky:

"A viagem à Índia simboliza, em todas as suas fases, as provas de um neófito; e ao mesmo tempo dá uma ideia da geografia e topografia de determinada região, tal qual é ainda hoje, se soubermos onde pesquisá-la. As longas conferências de Apolônio com os brâmanes, os sábios conselhos destes últimos e os diálogos com Menipo de Corinto proporcionariam, a quem fosse

[1] Geoffrey Hodson, *A Vida de Cristo do Nascimento à Ascensão,* Brasília, Editora Teosófica, 1999. (Nota Ed. Bras.)

capaz de interpretá-los, um verdadeiro catecismo esotérico. Sua visita ao império dos homens sábios e sua entrevista com o rei destes, Hiarcas, oráculo de Anfiarau, expõem simbolicamente muitos dogmas secretos de Hermes (no sentido genérico deste nome) e do Ocultismo.

"As viagens do grande Mago estão corretamente descritas, ainda que em estilo alegórico – isto é, tudo o que Dâmis conta aconteceu realmente – mas a narrativa é toda baseada nos signos do Zodíaco. Tal como a *transliterou* Dâmis, sob a direção de Apolônio, e como a *traduziu* Filostrato, a história é verdadeiramente maravilhosa."[2]

Apesar de não estar ciente do caráter alegórico dos relatos sobre a vida de Apolônio, Mead fez um trabalho de crítica histórica sobre a vida do nosso filósofo baseado no livro de Filostrato, um erudito que viveu no século IV, cuja obra apoiou-se nos relatos de Dâmis, o inseparável discípulo de Apolônio que o acompanhou, por várias décadas, em suas viagens pela Europa, norte da África, Oriente Médio, Pérsia e Índia.

Mead sugere que Dâmis era um mero criado de Apolônio, quanto muito um companheiro de viagem, porque Dâmis não relatou quase nada do que se passava no interior dos inúmeros templos e santuários religiosos visitados por Apolônio durante suas viagens. Esta hipótese não nos parece verdadeira em virtude do caráter de Apolônio. Ele era inteiramente despojado, tendo repartido sua fortuna, logo após sua maioridade, com seu irmão mais velho, parentes e pessoas necessitadas de sua cidade natal. Ao longo de sua vida sempre recusou presentes das pessoas que instruía, inclusive de nobres e governantes. É dito que pedia em suas orações que os sábios tivessem pouco e não precisassem de

---

[2] H.P. Blavatsky, *A Doutrina Secreta,* vol. V, p. 134, Ed. Pensamento, São Paulo. (Nota Ed. Bras.)

nada. Respeitava profundamente a liberdade de todos os seres e, portanto, não seria de se esperar que precisasse de um criado para servi-lo durante suas viagens.

O mais provável é que Dâmis fosse um discípulo querido, merecedor de toda confiança de Apolônio, e que estivesse sendo instruído ao longo dos muitos anos que passou na companhia do Mestre. Este sempre foi o procedimento dos grandes Instrutores: manter seus discípulos mais chegados perto de si, para poder melhor instruí-los, e facilitar seu progresso espiritual pela mera proximidade física (o nível vibratório do Mestre eleva a vibração de seus discípulos). Neste caso, o fato de Dâmis nada relatar sobre o que se passava na intimidade dos templos e santuários dos mistérios e nas reuniões esotéricas é uma confirmação do grau de confiança que mereceu do Mestre, pois segundo a tradição milenar, um voto de silêncio e de segredo era exigido de todos os iniciados, cuja participação era permitida nestas reuniões, ou rituais.

Tendo Apolônio visitado os mais diversos grupos esotéricos, de todo tipo de seita e religião, em todos os países que visitou, parece estranho que não tenha visitado a comunidade mais espiritualizada entre os judeus, nem os grupos internos do nascente movimento cristão. No entanto, Filostrato indica que Apolônio passou algum tempo na Arábia, sendo instruído. Esta menção é curiosa, pois Apolônio visitava diferentes comunidades religiosas geralmente para instruí-las e restaurar seus rituais. Sabendo que a Arábia era uma denominação genérica para as regiões desérticas que começavam no sul e leste da Judeia, incluindo o deserto ao longo do Mar Morto, é possível que esta referência seja, na verdade, uma indicação de que Apolônio tenha passado algum tempo, no início de suas peregrinações, na comunidade dos essênios de Qumrã, tornada famosa em nossos dias pelo imenso acervo de papiros preservados encontrados em cavernas desta região do Mar Morto.

Infelizmente, não é possível confirmar a participação de Apolônio em reuniões do movimento cristão a partir dos relatos de Dâmis, e mais tarde de Filostrato, pois os nomes das diferentes comunidades citadas ao longo de suas viagens, tanto pela Europa como pela Ásia, não puderam, na maior parte, ser identificadas pelos estudiosos. Porém, a própria Bíblia parece lançar alguma luz a este respeito. O Evangelista Paulo, contemporâneo de Apolônio, nasceu em Tarso, uma cidade bem perto de Tiana, na Ásia menor. Como Paulo fundou diversas comunidades por toda a Europa, onde seguramente eram ministrados ensinamentos de cunho esotérico, talvez possamos obter algum indício, nas Epístolas de Paulo, de contatos entre estes dois grandes trabalhadores dedicados à elevação espiritual da humanidade.

Existem diversas menções de um personagem chamado Apolo nas epístolas de Paulo e pelo menos duas a respeito de um certo Demas. Sabendo que os Padres da Igreja, a partir do final de século II, montaram uma campanha para desacreditar Apolônio, é lícito supor que uma de suas primeiras providências seria retirar toda e qualquer referência a Apolônio que por ventura pudesse existir nos livros da Bíblia, principalmente se fossem de caráter encomiástico. Uma prática muito usada pelos inúmeros copistas e revisores da Bíblia era a mutilação, ou desvirtuação, de palavras e expressões. Portanto, sugerimos que é bem possível que o Apolo mencionado nas Epístolas seja o nosso filósofo. Esta hipótese parece tomar força quando vemos o teor das passagens.

Em três passagens na Primeira Epístola aos Coríntios, vemos Paulo colocando Apolo em posição de igualdade com ele e com Cefas (Pedro), no ministério espiritual: *Cada um de vós diz: 'Eu sou de Paulo!', ou 'Eu sou de Apolo!', ou 'Eu sou de Cefas!', ou 'Eu sou de Cristo!'.* (1 Co 1,12) *Quando alguém declara: 'Eu sou de Paulo', e outro diz: 'Eu sou de Apolo', não procedeis de maneira meramente humana?* (1 Co 3, 4) *Paulo, Apolo, Cefas, o mundo, a vida, a morte, as coisas presentes e as futuras* (1 Co

3, 22). Em nenhuma outra parte de suas epístolas Paulo coloca outros companheiros de ministério numa posição tão elevada, exceto, talvez, Barnabé. Até mesmo Timóteo, Marcos, Lucas e outros, por quem Paulo demonstra grande afeto, são claramente descritos como seus auxiliares.

Mas a posição muito especial de Apolo é indicada a seguir: *Quem é, portanto, Apolo? Quem é Paulo? Servidores, pelos quais fostes levados à fé; cada um deles agiu segundo os dons que o Senhor lhe concedeu. Eu plantei;* ***Apolo regou****; mas era Deus quem fazia crescer.* (1 Co 3, 4-6) Nesta passagem, Paulo indica que o papel de Apolo, nas comunidades a que se refere, era de máxima importância, pois ele, Paulo, havia plantado, enquanto Apolo havia regado. Ora, regar tem a conotação de vivificar, e como se tratava da vida espiritual, é provável que isto fosse feito não só por meio de ensinamentos esotéricos, mas por meio de rituais, inclusive do batismo. Assim, Apolo estaria sendo reconhecido por Paulo como um hierofante capaz de servir de canal para uma energia espiritual ainda mais forte do que a sua.

Em outras duas passagens, Paulo demonstra sua consideração especial para com este misterioso trabalhador na seara do Senhor: *Esforça-te por ajudar a Zenas, o jurista, e a Apolo, de modo que nada lhes falte* (Tito 3, 13). *Quanto ao nosso irmão Apolo, roguei-lhe insistentemente que fosse visitar-vos com os irmãos; mas não quis em absoluto ir agora; irá quando tiver oportunidade* (1 Co 16, 12). Note-se que Paulo roga insistentemente para que Apolo visite a comunidade de Corinto, indicando que Apolo não é um mero auxiliar seu que obedece suas ordens, sendo enviado para onde o trabalho missionário assim o exigir, mas sim um importante trabalhador espiritual independente, que tem seus próprios planos e prioridades.

Existem duas outras passagens referindo-se a um colaborador de nome Demas: *Saúdam-vos Lucas, o médico amado, e Demas.* (Col 4, 14). *Pois Demas me abandonou por amor do mundo presente. Ele partiu para Tessalônica, Crescente para a Galácia.* (2 Tim 4, 10). Aqui também aventamos a hipótese de que este personagem era, na verdade, Dâmis, o discípulo inseparável de Apolônio. Neste caso, teríamos mais uma indicação de que Apolônio, e seu auxiliar Dâmis, passaram algum tempo em algumas das comunidades fundadas por Paulo.

Uma especulação adicional é que, como a missão de Apolônio parece ter sido a restauração e consolidação dos verdadeiros mistérios e ensinamentos esotéricos, sua possível visita a algumas das comunidades paulinas é indicativo de que estas tenham sido de um caráter interno e iniciático, voltadas para a verdadeira transformação de seus membros, e não de caráter externo como parecem ter sido a maior parte das comunidades fundadas pelos outros missionários do movimento cristão. Esta hipótese adquire mais força quando verificamos, em algumas passagens das Epístolas, a linguagem dos mistérios: *Orai também por mim, para que, quando eu abrir os meus lábios, me seja dada a palavra para anunciar com ousadia o mistério dos evangelhos. (Ef 6, 19). Orando por nós também ao mesmo tempo, para que Deus nos abra uma porta à Palavra, para falarmos do mistério de Cristo. (Col 4, 3).* Um dos aspectos mais típicos dos mistérios era a iniciação, e esta é mencionada por Paulo por meio da expressão 'selar', que significava a proteção à alma do indivíduo então iniciado: *Nele também vós, tendo ouvido a Palavra da verdade e nela tendo crido, fostes* ***selados*** *pelo Espírito da promessa, o Espírito Santo (Ef 1, 13).*

Ao cristão ortodoxo pode parecer estranho a menção de Paulo e Apolônio estarem envolvidos nos "mistérios". As religiões dos mistérios, ao contrário da conotação pejorativa de nossa cultura cristã, baseavam-se na mais elevada ética e eram voltadas para a transformação dos indivíduos. Esta parece ser a razão por que Apolônio dedicou sua vida a restaurar o sentido mais profundo destas religiões. Nas palavras de um estudioso, uma religião dos mistérios era: "uma religião de simbolismo que, por meio do mito e da alegoria, representações de ícones, luzes fulgurantes e densa escuridão, liturgias, atos sacramentais e sugestionamento, aceleravam a intuição do coração e provocavam no iniciado uma experiência mística que conduzia à regeneração, sendo este o objetivo de cada iniciação."[3]

Em resumo, a vida de Apolônio de Tiana é um exemplo de abnegação e dedicação. Sábio de renome incontestável, era aceito em todos os grupos ocultos de sua época, e seus conselhos prezados por humildes e poderosos. Nada buscava para si; ao contrário, vivia para servir a todos.

Os Editores

---

[3] Angus, Samuel. *The Mystery-Religions and Christianity* (N.Y.: Carol Publishing Group, 1966), p. 45. C.K. Barrett, em seu livro *The Gospel According to St John*, (Londres, SPCK, 1996), uma obra clássica dentro da visão ortodoxa, refere-se às religiões dos mistérios de forma respeitosa, aceitando inclusive sua influência sobre o Evangelho de João. (Nota Ed. Bras.)

Capítulo 1
Introdução

Para o estudante das origens do Cristianismo, naturalmente não existe período da história ocidental de maior interesse e importância do que o primeiro século da nossa era. No entanto, em termos comparativos, muito pouco é conhecido a este respeito de natureza realmente definitiva e confiável. Nenhum escritor não cristão do primeiro século teve suficiente intuição do futuro para registrar ao menos uma linha de informação sobre o nascimento e o crescimento do que viria a ser a religião do mundo ocidental. É igualmente desapontador verificar como poucas informações foram registradas sobre as condições sociais gerais e religiosas daquela época. Os governantes e as guerras do Império parecem ter constituído o principal interesse dos historiadores do século seguinte, e mesmo neste departamento da história política, ainda que os atos públicos dos imperadores possam ser razoavelmente bem conhecidos, pois podemos conferi-los com os registros e as inscrições, quando chegamos aos seus atos e motivos pessoais não mais nos encontramos no terreno da História, mas em geral na atmosfera do preconceito, do escândalo e da especulação. Os atos políticos dos imperadores e de seus oficiais, no entanto, podem, na melhor das hipóteses, lançar somente uma luz tênue sobre as condições sociais gerais do período, mas não lançam nenhuma luz sobre as condições religiosas, exceto quando estas tiveram algum contato particular com o domínio da política. Uma tentativa de reconstruir um quadro da vida religiosa da época, a partir dos atos e documentos oficiais do Império, seria como tentarmos obter alguma ideia da religião íntima deste país (Grã-Bretanha) a partir de uma leitura atenta dos códigos legais ou relatórios de debates do Parlamento.

As assim chamadas histórias romanas, a que estamos acostumados até hoje, não podem nos ajudar na reconstrução de um quadro do ambiente em que, por um lado, Paulo liderou a nova fé na Ásia Menor, Grécia e Roma, e em que, por outro, esta fé já se encontrava nos distritos às margens do sudeste do Mediterrâneo. É somente por meio de um trabalho laborioso de juntar pedaços isolados de informação e de fragmentos de inscrições que nos tornamos cientes da existência da vida de um mundo de associações religiosas e de cultos privados que existiam naquele tempo. Nem mesmo assim temos alguma informação realmente direta do que ocorria nestas associações, confrarias e irmandades; porém, temos evidência suficiente para lastimar amargamente a ausência de conhecimento adicional.

Apesar deste terreno ser difícil de lavrar, ele é muito interessante, e é uma pena que, comparativamente, tão pouco trabalho tenha sido feito nele até agora, e que, o trabalho que foi efetuado seja, em geral, inacessível ao leitor de língua inglesa. O trabalho feito sobre este assunto especial pode ser visto na nota bibliográfica anexada neste livro, com uma lista de livros e artigos tratando das associações religiosas entre gregos e romanos. Porém, para obter uma visão geral da condição dos assuntos religiosos no primeiro século, encontramo-nos sem um guia confiável, pois só existem uns poucos trabalhos sobre este assunto particular, e deles aprendemos pouco no que concerne ou que se presume referir-se ao Cristianismo. No entanto, é justamente sobre o estado do mundo religioso não cristão que, no momento, desejamos obter informação.

Se, por exemplo, o leitor se volta para os trabalhos de história geral, tais como *History of the Romans under the Empire,* de Merivale (Londres; ed. 1865), encontrará, é verdade, no capítulo iv, uma descrição do estado da religião até a morte de Nero, mas aprenderá pouco ao estudar estas obras. Se examina a *Geschichte der römischen Kaiserreichs unter der Regierung des Nero,* de Hermann Schiller (Berlin; 1872), descobrirá muitas razões para descartar as opiniões vulgares sobre os crimes monstruosos imputados a Nero, como também poderia fazer ao ler, em inglês, o artigo de G. H. Lewes: *Was Nero a Monster?* (Cornhill Magazine, julho de 1863) – e irá descobrir também (livro IV, cap. iii) uma visão geral da religião e filosofia da época que é bem mais inteligente do que a de Merivale. Porém, tudo é ainda muito vago e insatisfatório e, ademais, nos sentimos ainda fora da vida íntima dos filósofos e religiosos do primeiro século.

Caso, mais uma vez, o leitor se volte para os últimos escritores da história da Igreja que trataram desta questão particular, descobrirá que eles estavam inteiramente ocupados com o contato da Igreja Cristã com o Império Romano e só casualmente nos dão alguma informação que nos seja útil. C. J. Neumann faz um estudo interessante e cuidadoso em *Der römische Staat und die allgemeine Kirche bis auf Diocletian* (Leipzig; 1890); enquanto o professor W. M. Ramsay, em *The Church in the Roman Empire before 170 AD* – Londres; 1893), é extraordinário, pois procura interpretar a história romana pelos documentos do Novo Testamento, cujas datas são, em sua maioria, disputadas tão acirradamente.

Porém, pode-se perguntar, o que tudo isto tem a ver com Apolônio de Tiana? A resposta é simples: Apolônio viveu no primeiro século, seu trabalho deu-se precisamente entre estas associações, colégios e confrarias religiosas. Um certo conhecimento destas e de sua natureza nos daria o ambiente natural de uma grande parte de sua vida; e informação sobre sua condição no primeiro século provavelmente nos ajudaria a compreender melhor algumas das razões para a tarefa que ele procurou empreender.

Se, no entanto, somente a vida e as atividades de Apolônio fossem esclarecidas por este estudo, poderíamos compreender por que tão pouco esforço foi despendido nesta direção; pois o caráter de Apolônio, como veremos, desde o quarto século, não foi bem apreciado nem mesmo por poucos, e muitos foram instruídos a considerar nosso filósofo não só um charlatão, mas um anticristo. Porém, como é somente o conhecimento destas associações e ordens religiosas que pode lançar uma onda de luz sobre a evolução inicial do Cristianismo, não apenas com relação às comunidades Paulinas, mas também relativamente às escolas que foram subsequentemente condenadas como heréticas, é surpreendente que não tenha havido um trabalho mais satisfatório sobre o assunto.

Pode-se dizer, no entanto, que esta informação não vem à tona simplesmente porque ela é inacessível. Em grande parte isto é verdade. Contudo, muito mais poderia ser feito do que foi tentado até agora, e os resultados de pesquisas em direções especiais e nos meandros da história poderiam ser combinados, para que o leigo pudesse obter alguma ideia geral das condições religiosas da época e, assim, ser menos inclinado a unir-se à atual condenação estereotipada de todo o esforço moral e religioso não judeu e não cristão do Império Romano no primeiro século.

Porém o leitor pode replicar que as coisas sociais e religiosas naqueles tempos deviam estar num estado realmente terrível, pois, como este livro demonstra, Apolônio passou a maior parte de sua vida tentando reformar as instituições e os cultos do Império. A isto respondemos que, sem dúvida, havia muito para reformar; e quando não há? Porém, não só seria pouco generoso, mas evidentemente vexatório, julgarmos nossos semelhantes daqueles tempos exclusivamente pelo elevado padrão de uma moralidade ideal, ou mesmo julgá-los com o peso do nosso conhecimento e supostas virtudes. Nossa proposição não é que não havia nada para reformar, muito pelo contrário, mas que as acusações generalizadas de depravação contra o povo daquela época não aguentariam uma investigação imparcial. Ao contrário, havia muito material bom, pronto para ser trabalhado em todos os sentidos e, se este não fosse o caso, como poderia, entre outras coisas, ter havido algo como o Cristianismo?

O Império Romano estava no zênite de seu poder e, se não contasse com muitos administradores admiráveis e homens de valor na classe governante, semelhante perfeição política jamais poderia ter sido alcançada e mantida. Além disto, como sempre ocorreu no mundo antigo, a liberdade religiosa era garantida e, onde encontramos perseguições, como no reinado de Nero e de Domiciano, ela deve ser atribuída a razões políticas e não teológicas. Deixando de lado a questão contestada da perseguição dos cristãos sob Domiciano, a perseguição de Nero foi dirigida contra aqueles que o poder Imperial considerava como revolucionários políticos judeus. Assim, também, quando descobrimos os filósofos aprisionados ou banidos de Roma durante aqueles dois reinados, não foi pelo fato de serem filósofos, mas porque o ideal de alguns deles era a restauração da República, e isto os tornava sujeitos à acusação não só de serem dissidentes políticos, mas também de tramarem ativamente contra a *majestas* do Imperador. Apolônio, no entanto, sempre foi um cálido partidário do governo monárquico. Então, quando ouvimos falar sobre os filósofos sendo banidos de Roma ou enviados à prisão, devemos lembrar-nos de que isto não era uma perseguição generalizada à filosofia por todo o Império; e quando dizemos que alguns deles desejavam restaurar a República, devemos lembrar que a grande maioria se absteve da política, e este era especialmente o caso dos discípulos das escolas filosófico-religiosas.

Capítulo 2

As Associações e Comunidades Religiosas do Primeiro Século

Nos domínios da religião é certo que os cultos do Estado e as instituições nacionais no Império estavam, quase sem exceção, num estado deplorável e, vale ressaltar, que Apolônio devotou muito tempo e trabalho em revigorá-las e purificá-las. Realmente, as instituições estatais religiosas em geral haviam, há muito, perdido sua força, sendo tudo superficial. Porém, longe de não haver nenhuma vida religiosa no Império, na medida em que os cultos oficiais e as instituições ancestrais não ofereciam verdadeira satisfação às necessidades religiosas do povo, este se devotava mais ardentemente aos cultos privados e se deixava levar ansiosamente por aquela onda de entusiasmo religioso que fluía em volume cada vez maior do Oriente. É indubitável que em toda esta agitação ocorreram muitos excessos, de acordo com nossas noções atuais de decoro religioso, e também abusos horríveis. Mas, por outro lado, muitos encontraram nestes cultos a devida satisfação para seus sentimentos religiosos, e, se excetuarmos aqueles cultos que eram claramente malévolos, teremos diante de nós círculos populares em que, em última análise, ocorriam fenômenos semelhantes aos entusiasmos que, nos dias atuais, podem ser frequentemente observados entre seitas como os Shakers ou Ranters e nas reuniões de renovação geral das pessoas sem instrução.

No entanto, não se deve imaginar que os cultos privados e as atividades das associações religiosas eram todos desta natureza ou eram confinados a esta classe; muito pelo contrário. Havia irmandades religiosas, comunidades e clubes – *thiasi, erani* e *orgeones* – de todos os tipos e condições. Havia também sociedades para benefício mútuo, clubes de enterro e associações para ceias, os protótipos de nossas atuais sociedades maçônicas, filantrópicas e outras. Estas associações religiosas não só eram privadas, no sentido de que não eram mantidas pelo Estado, mas também, em geral, eram privadas no sentido de que faziam segredo de suas atividades, e isto talvez seja a principal razão por que temos um registro tão deficiente a seu respeito.

Entre elas abundam não só as formas inferiores de cultos de mistério de vários tipos, mas também as de caráter superior, tais como as dos Mistérios frígios, báquicos, de Ísis e de Mitra, que estavam espalhados por todo o Império. Os famosos Mistérios de Elêusis estavam, no entanto, ainda sob a égide do Estado e, assim, apesar de tão famosos, eram, como cultos estatais, bem mais superficiais.

Porém, não se deve imaginar que os principais tipos de culto de mistério mencionados acima eram uniformes. Havia não só diferentes níveis entre eles, mas também, provavelmente, muitas formas de tradição, tanto boas, más, como indiferentes. Por exemplo, sabemos que era considerado elegante para o cidadão respeitável de Atenas ser iniciado no Eleusínio e, portanto, as provas iniciáticas não devem ter sido muito rigorosas. No trabalho mais recente sobre o assunto, *De Apuleio Isiacorum Mysteriorum*

Teste (Leyden; 1990), o Dr. K. H. E. de Jong demonstra que numa forma dos Mistérios Isíacos o candidato era convidado à iniciação durante um sonho. Isto quer dizer que ele tinha que ser capaz de receber impressões psiquicamente antes de ser aceito.

Temos aqui, portanto, um vasto campo intermediário para as práticas religiosas, desde as formas mais populares e indisciplinadas dos cultos privados até as formas mais elevadas, que só podiam ser alcançadas por intermédio da disciplina e do treinamento da vida filosófica. O lado mais elevado destas instituições de mistérios despertou o entusiasmo do que havia de melhor na antiguidade, e elogios irrestritos foram dados a uma ou outra destas instituições pelos maiores pensadores e escritores da Grécia e de Roma. Assim, não podemos deixar de pensar que os iniciados encontravam satisfação para as suas necessidades religiosas, não só aqueles que não podiam se elevar até o penetrante ar da razão pura, mas também aqueles que haviam se elevado tanto nas alturas da razão que podiam vislumbrar o outro lado. Os cultos oficiais eram notoriamente incapazes de dar-lhes esta satisfação, e somente eram tolerados pelas pessoas instruídas como um auxílio para o povo e um meio de preservar a vida tradicional da cidade ou do estado.

Por consenso geral, os habitantes mais virtuosos da Grécia foram membros das escolas pitagóricas, tanto homens como mulheres. Após a morte de seu fundador, os pitagóricos parecem ter se fundido gradativamente com as comunidades órficas, e a "vida órfica" era o termo reconhecido para a vida de pureza e abnegação. Sabemos também que os órficos e, portanto, os pitagóricos, estavam ativamente engajados na reforma, ou mesmo na reforma completa, dos ritos baco-eleusinos. Eles parecem ter restabelecido o lado puro do culto báquico com sua restauração ou reinstalação, sendo bem evidente que tais pessoas, tão sérias e profundos pensadores, não poderiam se contentar com uma forma inferior de culto. Sua influência também se espalhou amplamente nos círculos báquicos gerais, a ponto de verificarmos que Eurípedes colocou as seguintes palavras no coro dos iniciados báquicos: "Vestido de branco afasto-me rapidamente da gênesis dos homens mortais e nunca mais me aproximarei do vaso da morte, pois não mais comerei a comida que jamais abrigou uma alma."[4] Tais palavras bem poderiam ter sido proferidas por um asceta brâmane ou budista ansioso para escapar dos grilhões do *samsāra*[5]; e tais homens não podem, com justiça, ser classificados indiscriminadamente entre os farristas dissolutos – a imagem mental comum de uma sociedade báquica.

Poder-se-ia talvez argumentar que Eurípedes, os pitagóricos e os órficos nada testemunham a respeito do primeiro século; não importa o bem que possa ter existido nestas escolas e comunidades, elas tinham cessado há muito tempo. Ao contrário, a evidência está toda contra esta objeção. Fílon, escrevendo aproximadamente em 25 d.C., nos diz que, na sua época, muitos grupos de homens que eram orientados pela vida religiosa abandonaram suas propriedades e retiraram-se do mundo, devotando-se inteiramente à busca da sabedoria e ao cultivo da virtude, e estavam espalhados por todo o mundo. Em seu tratado *Sobre a Vida Contemplativa*, escreveu: "Esta classe natural de homens é encontrada em muitas partes do mundo habitado, tanto do mundo helênico como não-helênico, compartilhando do bem perfeito. No Egito, existem multidões deles em cada província, ou *nome,* como eles as chamam, e especialmente ao redor de Alexandria."

[4] De um fragmento de *Os Cretenses*. Veja o *Aglaophamus,* de Lobeck, p. 622.

[5] Sânscrito – Literalmente rotação; o oceano de nascimentos e mortes. Os renascimentos humanos representados como um círculo contínuo, uma roda sempre em movimento. Glossário Teosófico, Ed. Ground, SP. (Nota Ed. Bras.)

Esta é uma afirmação muito importante, pois, se houve tantas pessoas devotadas à vida religiosa naquela época, o período não era de depravação generalizada.

No entanto, não deve ser imaginado que estas comunidades eram todas de natureza exatamente semelhante, ou da mesma origem, muito menos que todas eram terapeutas ou essênias. Temos somente que nos lembrar as várias linhas de descendência das doutrinas esposadas pelas diferentes escolas classificadas conjuntamente como gnósticas, como delineado em meu trabalho recente, *Fragments of a Faith Forgotten* e voltar-nos para os lindos tratados das escolas herméticas para convencer-nos de que, no primeiro século, o envolvimento na vida religiosa e filosófica era generalizado e variado.

Porém, não estamos entre aqueles que acreditam que a origem das comunidades terapeutas de Fílon e essênias de Fílon e Josefo deve ser remontada à influência órfica ou pitagórica. A questão da origem específica encontra-se ainda fora do poder da pesquisa histórica, e não somos daqueles que querem exagerar um elemento dentro do universo como sendo a única fonte. Porém, quando nos lembramos da existência de todas estas comunidades tão amplamente disseminadas no primeiro século e estudamos os registros imperfeitos, mas importantes, das numerosas escolas e fraternidades de natureza semelhante, que entraram em contato íntimo com o Cristianismo em suas origens, não podemos deixar de sentir que eram o fermento de uma vida fortemente religiosa em muitas partes do Império.

Nossa grande dificuldade está em que estas comunidades, fraternidades e associações se mantiveram à parte e, com raras exceções, não deixaram registros de suas práticas e crenças internas ou, se deixaram, eles foram destruídos ou perdidos. Na maior parte dos casos, então, temos que nos valer das indicações gerais de caráter muito superficial. Porém, este registro imperfeito não é justificativa para negarmos ou ignorarmos sua existência e a intensidade de suas atividades; e uma história que pretende pintar um quadro da época é inteiramente insuficiente, na medida em que omite este assunto extremamente vital da discussão.

Em meio a tudo isso, é que Apolônio se movimentava; mas quão pouco o seu biógrafo parecia estar ciente deste fato! Filostrato tinha o apreço de um orador pela vida filosófica da corte, mas nenhum sentimento pela vida religiosa. É somente indiretamente que *A Vida de Apolônio*, como é agora apresentada, pode lançar alguma luz sobre estas comunidades extremamente interessantes, porém, até mesmo um relance de luz ocasional é precioso quando tudo está tão obscuro. Se fosse possível entrar na memória viva de Apolônio e ver com seus olhos as coisas que viu, quando vivia há dezenove séculos atrás, que página extremamente interessante da história do mundo poderia ser recuperada! Não só ele viajou por todos os países em que a nova fé estava lançando raiz, mas viveu por muitos anos em muitos deles, e estava intimamente familiarizado com inúmeras comunidades místicas no Egito, na Arábia e na Síria. Certamente deve ter visitado também algumas comunidades cristãs iniciais e deve, até mesmo, ter conversado com alguns dos discípulos do Senhor! E, no entanto, nenhuma palavra foi proferida a este respeito. Não conseguimos captar nem mesmo um único fragmento de informação sobre estes pontos. Com certeza ele deve ter se encontrado com Paulo, em algum lugar ou então em Roma, em 66, quando teve que deixar a cidade por causa do decreto de banimento contra os filósofos, o mesmo ano em que, de acordo com alguns, Paulo foi decapitado!

Capítulo 3

Índia e Grécia

Existe, porém, outra razão pela qual Apolônio é importante para nós. Ele era um admirador entusiástico da sabedoria da Índia. Mais uma vez descortina-se um assunto de amplo interesse. Que influências, se houve alguma, teve o Bramanismo e o Budismo sobre o pensamento ocidental nestes anos iniciais? Algumas pessoas asseveram firmemente que houve grande influência, enquanto outras negam, da mesma forma, qualquer influência. É óbvio, portanto, que não existe realmente nenhuma evidência indiscutível sobre o assunto.

Alguns atribuem a constituição das comunidades essênias e terapeutas à influência pitagórica, enquanto outros imputam sua origem à propaganda budista, e não só remontam esta influência aos dogmas e às práticas dos essênios, senão que atribuem até mesmo o ensinamento geral de Cristo a uma fonte budista no contexto monoteístico judeu. Não só isto, mas alguns iriam afirmar que o contato direto generalizado, dois séculos antes, entre Grécia e Índia, ocasionado pelas conquistas de Alexandre, possibilitou que a Índia, por meio de Pitágoras, influenciasse de forma poderosa e duradoura todo o pensamento grego subsequente.

A questão certamente não pode ser decidida por uma afirmação apressada ou negação. Requer não só um amplo conhecimento da história geral e um estudo minucioso de indicações espalhadas e imperfeitas do pensamento e das práticas, mas também um bom entendimento do devido valor da evidência indireta, pois não existe nenhum testemunho direto de natureza realmente decisiva. Não temos nenhuma pretensão de possuir tão elevadas qualificações, e nossa mais alta ambição é simplesmente dar umas poucas indicações, muito gerais, sobre a natureza do assunto.

Os gregos antigos diziam francamente que Pitágoras foi à Índia. Porém, como as afirmações foram feitas por escritores neopitagóricos e neoplatônicos posteriores a Apolônio, objeta-se que as viagens deste último sugeriam não só este item na biografia do grande filósofo de Samos, mas diversos outros, ou mesmo que o próprio Apolônio, em sua biografia de Pitágoras, tenha sido o pai do rumor. A íntima semelhança, no entanto, entre muitos aspectos da disciplina e doutrina pitagóricas e do pensamento e da prática indo-arianas fazem-nos hesitar em rejeitar inteiramente a possibilidade de que Pitágoras tenha visitado a antiga Ariavarta.

Ainda que não se possa ir tão longe a ponto de cogitar da possibilidade de contato pessoal direto, há que se levar em consideração o fato de que Ferécides, o mestre de Pitágoras, podia estar familiarizado com as ideias principais das tradições védicas. Ferécides ensinou em Éfeso, mas era provavelmente um persa, e faz sentido que um asiático erudito, ensinando uma filosofia mística e baseando sua doutrina na ideia do renascimento, tenha tido algum conhecimento indireto, se não direto, do pensamento indo-ariano.

A Pérsia (atual Irã - N.T.) deve ter estado, mesmo naquele tempo, em estreito contato com a Índia, pois, próximo à data da morte de Pitágoras, no reinado de Dario, filho de Histaspe, no fim do sexto e início do quinto século antes da nossa era, temos notícias da expedição do general persa Scilax descendo o Indo, e aprendemos de Heródoto que, neste reino da Índia (isto é o Punjab – abrangendo parte da Índia e do Paquistão – N.T.) formou a vigésima satrapia da monarquia persa. Além disto, tropas indianas encontravam-se entre as hostes de Xerxes que invadiram a Tessalia e lutaram em Platia.

A partir do período de Alexandre em diante, houve contato direto e constante entre Ariavarta e os reinos dos sucessores do conquistador do mundo, e muitos gregos escreveram a respeito deste país do mistério. Porém, em tudo o que chegou até nós, procuramos em vão por alguma coisa a mais do que vagas indicações sobre o pensamento sistemático dos filósofos da Índia.

Que os brâmanes tenham, nesta época, permitido que seus livros sagrados fossem lidos pelos *javanas* (jônios, o nome genérico para os gregos nos anais hindus) está contra tudo o que sabemos de sua história. Os *javanas* eram *mlechchhas,* fora do círculo restrito dos árias, e tudo o que eles podem ter vislumbrado da zelosamente guardada *Brahma-vidyā*, ou Teosofia, deve ter sido baseado exclusivamente em observação externa. Porém, a atividade religiosa dominante daquela época na Índia era o Budismo, e é neste protesto contra as rígidas distinções de casta e raça feitas pelo orgulho bramânico, e na surpreendente novidade de uma propaganda religiosa entusiástica entre todas as classes e raças na Índia, e em todas as nações, que devemos procurar o contato direto de pensamento entre a Índia e a Grécia.

Sabemos, por exemplo, que em meados do terceiro século a.C., em seu décimo terceiro édito, Asoka, Imperador budista da Índia, o Constantino do Oriente, envia missionários a Antíoco II da Síria, a Ptolomeu II do Egito, a Antígono Gonatas da Macedônia, a Magas de Cirene e a Alexandre II de Épiro. Quando, num país de registros tão imperfeitos, a evidência do lado da Índia é tão clara e indubitável, tão mais extraordinário é não termos nenhum testemunho direto, do nosso lado, de uma atividade missionária tão grande. Ainda que, meramente devido à ausência de qualquer informação direta de fontes gregas, torna-se arriscado generalizar. No entanto, baseado em nosso conhecimento geral daquela época é lícito concluir que nenhuma grande agitação pública poderia ter sido feita por estes pioneiros do *Dharma* no Ocidente. É muito provável que estes *bhikshus* (discípulos - N.T.) budistas não tenham produzido nenhum efeito sobre os governantes ou sobre o povo. Porém, será que a missão deles teria fracassado inteiramente e o empreendimento missionário budista em direção ao Ocidente teria terminado com eles?

A resposta a esta questão, parece-nos, oculta-se na obscuridade das comunidades religiosas. No entanto, não podemos chegar ao ponto de concordar com aqueles que cortariam o nó górdio asseverando dogmaticamente que as comunidades ascéticas na Síria e no Egito foram fundadas por estes propagandistas budistas. Na Grécia já existiam não só as comunidades pitagóricas, mas antes delas as comunidades órficas, pois mesmo neste terreno acreditamos que Pitágoras desenvolveu aquela que já encontrou, em vez de estabelecer algo inteiramente novo. Mas, se foram encontradas na Grécia, é ainda bem mais razoável assumirmos que estas comunidades já existiam na Síria, Arábia e Egito, cujas populações eram bem mais dadas aos exercícios religiosos do que os gregos, céticos e amantes da galhofa.

Porém, pode-se crer que nestas comunidades, se houve alguma propaganda budista, esta iria encontrar uma audiência apreciadora e atenta; mas, mesmo assim, é notável que eles não tenham deixado nenhum traço direto distinto de sua influência. Contudo, tanto pelas rotas marítimas como pela rota das grandes caravanas, havia sempre uma linha aberta de comunicação entre a Índia e o Império dos sucessores de Alexandre. E é até mesmo permissível especular que, se pudéssemos consultar um catálogo da grande biblioteca de Alexandria, por exemplo, iríamos necessariamente encontrar nela manuscritos hindus que se encontravam entre os outros rolos de papel e pergaminhos das escrituras das nações.

Realmente, existem frases nos tratados mais antigos da literatura herme-trismegística que podem ser confrontadas tão estreitamente com frases dos *Upanishads* (*Upanixads*) e da *Bhagavad-Gitā*, que somos quase tentados a acreditar que os escritores tinham algum conhecimento do conteúdo geral destas escrituras bramânicas. A literatura trismegística teve a sua gênese no Egito, e seu extrato mais superficial deve ser datado ao menos do primeiro século d.C., se não puder ser remontado a uma data anterior. Ainda mais notável é a semelhança entre a elevada metafísica mística do doutor gnóstico Basilides, que viveu no final do primeiro e início do segundo século d.C., e as ideias vedantinas. Entretanto, as escolas herméticas, basilídicas e suas predecessoras imediatas eram devotadas a uma autodisciplina rígida e a um profundo estudo filosófico que as fariam acolher ansiosamente qualquer filósofo ou estudante místico que viesse do Extremo Oriente.

Mas, ainda assim, não somos daqueles que, por suas possíveis limitações autoimpostas, estão condenados a encontrar algum contato físico direto para explicar uma semelhança de ideias ou mesmo de frases. Concordando, por exemplo, que existe muita semelhança entre os ensinamentos do *Dharma* de Buda e do Evangelho do Cristo, e que o mesmo espírito de amor e de suavidade permeia ambos, ainda não há nenhuma necessidade de procurar a razão desta parecença à transmissão puramente física. O mesmo ocorre com outras escolas e outros instrutores; condições semelhantes produzirão fenômenos parecidos; esforços e aspirações semelhantes produzirão ideias, experiências e resposta similares. E acreditamos que isto seja assim não de uma forma geral, mas que tudo isto é definitivamente ordenado internamente pelos servidores dos verdadeiros guardiões das coisas religiosas neste mundo.

Não estamos, pois, inclinados a dar tanta ênfase à questão da transmissão física ou a ficar procurando provas das semelhanças. A mente humana, em seus diferentes graus, é praticamente idêntica em todos climas e idades, e sua experiência interior é um solo comum em que sementes podem ser lançadas assim que esteja preparado e limpo das ervas daninhas. A boa semente dá boa colheita, e aqueles que semeiam não prestam atenção às distinções exteriores, feitas pelo homem, de raça e credo.

Entretanto, ainda que seja difícil provar, baseado em afirmações históricas inquestionáveis, qualquer influência direta do pensamento indiano nas concepções e práticas de algumas destas comunidades religiosas e escolas filosóficas do império grego-

-romano, e ainda no caso particular de semelhança de ideias, não há necessidade de referi-la a uma transmissão física direta. No entanto, a mais alta probabilidade, senão a maior certeza, continua sendo que, mesmo antes dos dias de Apolônio, havia algum conhecimento privado, na Grécia, das ideias gerais do Vedanta e do *Dharma*. No caso de Apolônio, mesmo se descontamos noventa por cento do que é atribuído a ele, sua ideia central parece ter sido espalhar entre as fraternidades e instituições religiosas do Império uma parte da sabedoria que ele trouxe consigo da Índia.

Então, quando encontramos, no fim do primeiro século e na primeira metade do segundo, entre associações místicas como as escolas herméticas e gnósticas, ideias que nos lembram fortemente a Teosofia dos *Upanishads* ou a ética persuasiva dos *sūtras*, temos sempre que levar em consideração não só a alta probabilidade de que Apolônio tenha visitado tais escolas, mas também de que, nelas, tenha discursado muitas vezes, sobre a sabedoria da Índia. Não só isto, pois a memória de sua influência pode ter permanecido por muito tempo em tais círculos. Assim, encontramos Plotino, o corifeu do neoplatonismo, tão enamorado com o que ele havia ouvido da sabedoria da Índia, em Alexandria, que, em 242, alistou-se na expedição malfadada de Gordiam ao Oriente, na esperança de alcançar aquela terra de filosofia. Com o fracasso da expedição e o assassinato do Imperador, no entanto, ele teve que voltar, frustrado para sempre em sua esperança.

Não se deve pensar, entretanto, que Apolônio determinou-se a fazer uma propaganda da filosofia indiana da mesma forma como os missionários comuns empreendem a pregação de sua concepção do Evangelho. De forma alguma. Apolônio parece ter procurado ajudar seus ouvintes, quaisquer que fossem, da forma mais apropriada a cada um deles. Não começava por dizer-lhes que a crença deles era inteiramente falsa ou prejudicial para a alma, e que a felicidade eterna dependia de adotarem instantaneamente o seu próprio esquema de salvação. Ele simplesmente procurava purificar e explicar melhor aquilo em que eles já acreditavam e o que praticavam. Não é difícil acreditar que um forte poder o apoiava em sua atividade incessante de âmbito quase mundial, sendo questão de profundo interesse para aqueles que procuram vislumbrar através das névoas das aparências, verificar que não só Paulo, mas também Apolônio, era ajudado e direcionado interiormente em sua tarefa.

Porém, ainda não despontou o dia em que será possível para a mente comum ocidental enfocar a questão livre de qualquer preconceito e de aceitar, por íntima convicção, que não só Paulo, mas também Apolônio, pode muito bem ter sido "discípulo do Senhor" no verdadeiro sentido da palavra, ainda que, superficialmente, seus trabalhos pareçam tão dessemelhantes e, até mesmo antagônicos, segundo os preconceitos teológicos.

Felizmente, porém, até mesmo hoje, existe um número crescente de pessoas que não se sentem chocadas por semelhante crença, mas, ao contrário, recebem-na com alegria, como o arauto do despontar de um verdadeiro sol de retidão, que fará mais para iluminar as múltiplas formas da religião de nossa humanidade do que toda a autoprobidade de qualquer corpo particular de crenças religiosas exclusivistas.

É, pois, nesta atmosfera de caridade e tolerância que pedimos ao leitor considerar Apolônio e seus feitos. E não somente a vida e as ações de Apolônio, mas também as de todos quanto têm procurado ajudar seus semelhantes em todo o mundo.

Capítulo 4

Apolônio, Como Era Visto na Antiguidade

Apolônio de Tiana[6] foi o mais famoso filósofo do mundo grego-romano do primeiro século. Ele devotou a maior parte de sua longa vida à purificação dos inúmeros cultos do Império e à instrução dos ministros e clérigos dessas religiões. Com a exceção de Cristo nenhum personagem mais interessante apareceu no palco da história ocidental daquela época. Muitas e variadas opiniões, às vezes contraditórias, foram mantidas a respeito de Apolônio, tendo o relato de sua vida chegado até nós como uma lenda romântica, em lugar da verdadeira história. Até certo ponto, isto era de se esperar, pois Apolônio, além de seu ensinamento público, teve uma vida secreta que nem mesmo seu discípulo favorito teve acesso. Ele viajou até as terras mais distantes e desapareceu do mundo por muitos anos; entrou nos santuários dos templos mais sagrados e nos círculos internos das comunidades mais exclusivas, e o que disse ou fez nestes lugares permanece um mistério, ou somente dá oportunidade a

[6] Pronuncia-se "Tiana", com a primeira sílaba tônica e o primeiro "a" curto.

que seja tecida alguma história fantástica por aqueles que não compreendem.

O estudo a seguir será simplesmente uma tentativa de colocar diante do leitor um breve esboço do problema que os registros e as tradições da vida do famoso filósofo apresentam. Porém, antes de tratar de *A Vida de Apolônio,* escrita por Flávio Filostrato no início do terceiro século, devemos dar ao leitor um breve relato das referências a Apolônio feitas pelos escritores clássicos e os Padres da Igreja, e um breve esboço da literatura sobre o assunto em tempos mais recentes, bem como a guerra de opinião sobre sua vida nos últimos quatro séculos.

Em primeiro lugar, então, apresentamos as referências dos autores clássicos e patrísticos. Luciano, o escritor mordaz da primeira metade do segundo século, toma como assunto de uma de suas sátiras o pupilo de um discípulo de Apolônio, um daqueles que estava ciente de "toda a tragédia"[7] de sua vida. E Apuleio, um contemporâneo de Luciano, classifica Apolônio na mesma categoria de Moisés, Zoroastro e outros famosos Magos da antiguidade.[8]

Na mesma época, num trabalho intitulado *Questiones et Responsiones ad Orthodoxos*, anteriormente atribuído a Justino Mártir, que floresceu no segundo quarto do segundo século, encontramos a seguinte declaração interessante:

"Questão 24: Se Deus é o criador e o mestre da criação, como os objetos[9] consagrados de Apolônio têm poder nas várias ordens desta criação? Pois, *como nós vemos*, eles detêm a fúria das ondas, o poder dos ventos, o avanço das pragas e os ataques

---

[7] *Alexander sive Pseudomantis,* vi.

[8] *De Magia*, xc. (ed. Hildebrand, 1842, ii. 614).

[9] Τελεσματα. *Telesma* era um objeto consagrado, transformado pelos árabes em *telsam* (*talismã)*, veja o *Léxico* de Liddell e Scott.

dos animais selvagens."[10]

Dion Cássio em sua história,[11] escrita em 211-222 d.C., declara que Caracalla (Imp. 211-216) honrou a memória de Apolônio com um oratório, ou monumento (*heroum).*

Foi justamente nesta época (216) que Filostrato compôs *A Vida de Apolônio* a pedido de Domna Júlia, a mãe de Caracala, e é principalmente baseado neste documento que teremos que lidar na sequência.

Lamprídio, que floresceu ao redor de meados do terceiro século, também nos informa que Alexandre Severo (Imp. 222-235) colocou a estátua de Apolônio em seu *lararium* juntamente com as de Cristo, Abraão e Orfeu[12].

Vopisco, escrevendo na última década do terceiro século, diz-nos que Aureliano (Imp. 270-275) consagrou um templo a Apolônio, de quem teve uma visão quando sitiou Tiana. Vopisco fala de Apolônio como "um sábio com renome e autoridade bem conhecidos, um antigo filósofo e um verdadeiro amigo dos deuses" ou, na verdade, como uma manifestação da divindade. "Pois quem entre os homens," exclama o historiador, "foi mais santo, mais merecedor de reverência, mais venerável, mais semelhante a Deus do que ele? Foi ele quem deu vida aos mortos. Foi ele quem fez e disse tantas coisas além do poder dos homens."[13] Tão entusiástico é Vopisco a respeito de Apolônio que ele promete, se viver, escrever um pequeno relato de sua vida em latim, para que suas ações e palavras possam estar na boca de todos, pois, até aquele momento, os únicos relatos estavam em grego.[14] Vopisco,

---

[10] Justino Mártir, *Opera*, ed. Otto (2ª ed.; Jena, 1849), iii. 32.

[11] Lib. lxxvii. 18

[12] *A Vida de Alexandre Severo,* xxix.

[13] *A Vida de Aureliano,* xxiv.

[14] *"Quae qui velit nosse, groecos legat libros qui de ejus vita conscripti sunt."* Estes relatos foram provavelmente os livros de Maximus, Moeragenes e

no entanto, não cumpriu sua promessa, mas soubemos que nesta época tanto Sotérico[15] e Nicômaco escreveram biografias de nosso filósofo e, pouco mais tarde, Táscio Victoriano, trabalhando sobre as notas de Nicômaco,[16] também compôs uma. Nenhuma destas vidas, no entanto, chegaram até nós.

Foi também neste período, ou seja, nos últimos anos do terceiro século e nos primeiros anos do quarto, que Porfírio e Jâmblico prepararam seus tratados sobre Pitágoras e sua escola. Ambos mencionam Apolônio como uma de suas autoridades, e é provável que as primeiras 30 seções de Jâmblico tenham sido tiradas de Apolônio.[17]

Chegamos agora a um incidente que lançou o caráter de Apolônio na arena da polêmica cristã, onde vem sendo jogado de um lado para outro até o presente. Hierocles, sucessivamente governador de Palmira, Bitínia e Alexandria e ainda filósofo, em torno do ano 305, escreveu uma crítica sobre as reivindicações dos cristãos, em dois livros, chamados *Uma Verdade Dirigida aos Cristãos* ou mais brevemente *O Amante da Verdade*. Ele parece ter baseado a maior parte do seu trabalho em outros anteriores de Celso e de Porfírio,[18] mas introduziu uma nova questão de controvérsia ao opor os feitos milagrosos de Apolônio à pretensão dos cristãos da exclusividade de obrar milagres como prova

---

Filostratus.

[15] Um poeta épico egípcio, que escreveu diversas histórias poéticas em grego; ele floresceu na última década do terceiro século.

[16] Sidonius Apollinaris, Epp., viii. 3. Veja também Legrande d'Aussy, *Vie d'Apollonius de Tyane* (Paris; 1807), p. xlvii.

[17] Porfírio, *De Vita Pythagorae*, seção ii., ed. Kiessling (Leipzig; 1816). Jâmblico, *De Vita Pythagorica*, cap. xxv., ed. Kiessling (Leipzig; 1813); veja especialmente a nota de K., pp. 11 e seg. Veja também Porfírio, *Frag. De Styge*, p. 285, ed. Holst.

[18] Veja Duchesne sobre os trabalhos recentemente descobertos de Macarius Magnes (Paris; 1877).

da divindade de seu Mestre. Neste ponto, Hierocles usou em seu tratado *A Vida de Apolônio* de Filostrato.

A esta crítica pertinente de Hierocles, Eusébio de Cesarea replicou imediatamente com um tratado, ainda existente, intitulado *Contra Heiroclem.*[19] Eusébio admite que Apolônio foi um homem sábio e virtuoso, mas nega que haja prova suficiente de que as coisas maravilhosas atribuídas a ele jamais tenham ocorrido; e ainda que tenham realmente ocorrido, elas foram o trabalho de espíritos, e não de Deus. O tratado de Eusébio é interessante, ele examina detidamente os relatos de Filostrato e demonstra possuir uma faculdade crítica de primeiro nível. Se tivesse usado a mesma faculdade nos documentos da Igreja, da qual foi o primeiro historiador, a posteridade ter-lhe-ia uma dívida eterna de gratidão. Porém, Eusébio, como tantos outros apologistas, só podia ver um lado da questão. A justiça, quando o Cristianismo estava em questão, era estranha à sua mente e ele teria considerado blasfêmia usar sua faculdade crítica sobre os documentos que relatam os milagres de Jesus. No entanto o problema do milagre era o mesmo, conforme indicado por Hierocles, e como continua sendo até hoje.

Após a controvérsia ter ressurgido outra vez no século dezesseis, e quando a hipótese do diabo como causa de todos os milagres, exceto os da Igreja, perde sua força com o progresso do pensamento científico, a natureza das maravilhas relatadas em *A Vida de Apolônio* era ainda uma dificuldade tão grande que deu

---

[19] O texto mais apropriado é de Gainsford (Oxford; 1852), *Eusebii Pamphili contra Hieroclem*; ele também foi impresso em diversas edições de Filostrato. Existem duas traduções em latim, uma em italiano, outra em dinamarquês, todas encadernadas com a *Vita de Filostratus*, e uma em francês impressa em separado (*Discours d'Eusèbe Evêque de Cesarée touchant les Miracles attribuez par les Payens à Apollonius de Tyane*, tr. por Cousin. Paris; 1584, 12 mo, 135 pp.).

margem a uma nova hipótese, a de plágio. A vida de Apolônio era um plágio pagão da vida de Jesus. Porém Eusébio e os Padres que o seguiam não tinham nenhuma suspeita disto; eles viveram numa época em que tal assertiva poderia ter sido facilmente refutada. Não há nenhuma palavra em Filostrato indicando que ele tivesse qualquer conhecimento da vida de Jesus, e apesar da teoria de Baur sobre a tendência de repetir-se a história ser atraente para muitos, só podemos dizer que, como plagiador da história dos Evangelhos, Filostrato é um fracasso retumbante. Filostrato escreve a história de um homem bom e sábio, com a missão de ensinar, recobrindo-a com maravilhas da história preservadas na memória e embelezadas pela imaginação de uma posteridade afeiçoada, nunca, porém, o drama de uma deidade encarnada em cumprimento a uma profecia mundial.

Lactâncio, escrevendo por volta do ano 315, também atacou o tratado de Hierocles, e parece ter avançado algumas críticas bem pertinentes. Pois o padre da Igreja diz que ele enumerou tantos de seus ensinamentos secretos cristãos (*intima)* que às vezes parecia ter passado pelo mesmo treinamento (*disciplina)*. Porém é em vão, diz Lactâncio, que Hierocles procure mostrar que Apolônio realizou façanhas semelhantes às de Jesus, ou até mesmo maiores, pois os cristãos não acreditam que Cristo é Deus porque ele realizou coisas maravilhosas, senão porque todas as coisas que lhe aconteceram foram anunciadas pelos profetas.[20] E, ao adotar esta posição, Lactâncio percebeu muito mais claramente do que Eusébio a fraqueza da prova do milagre.

Arnóbio, o instrutor de Lactâncio, contudo, escrevendo no fim do século terceiro, antes desta controvérsia, ao referir-se a Apolônio, simplesmente o classifica entre os Magos, tais como Zo-

---

[20] Lactantius, *Divinae Institutiones*, v. 2, 3; ed. Fritsche (Leipzig; 1842), pp. 233, 236.

roastro e outros mencionados na passagem de Apuleio à qual já nos referimos.[21]

Mas mesmo depois da controvérsia, existe uma grande diferença de opinião entre os Padres. Pois, apesar de, no final do quarto século, João Crisóstomo chamar Apolônio amargamente de enganador e malfeitor, declarando que todos os incidentes de sua vida são ficção não qualificada,[22] Jerônimo, ao contrário, na mesma data, assume quase uma postura favorável. Pois, após ler atentamente Filostrato, escreve que em Apolônio encontrava sempre algo para aprender e alguma coisa com a qual pudesse se tornar uma pessoa melhor.[23] No início do século quinto, também Agostinho, apesar de ridicularizar qualquer tentativa de comparação entre Apolônio e Jesus, diz que o caráter de Apolônio era muito superior ao imputado a Júpiter, quanto à virtude.[24]

Perto desta data encontramos Isidoro de Pelúsia, que morreu em 450, negando terminantemente que existisse qualquer verdade na reivindicação feita por alguém, que ele não especifica, de que Apolônio de Tiana consagrou vários lugares em muitas partes do mundo para a segurança dos habitantes.[25] É instrutivo compararmos a negação de Isidoro com a passagem que já citamos do pseudoJustino. O autor de *Perguntas e Respostas aos Ortodoxos,* no segundo século, não resolveu a questão com uma negação taxativa. Ele tinha que admiti-la e abordar o caso com outros argumentos – como a intermediação do Diabo. Tampouco

[21] Arnóbio, *Adversus Nationes*, i. 52; ed. Hildebrand (Halle; 1844), p. 86. O Padre da Igreja, no entanto, com a exclusividade peculiar ao ponto de vista judeu-cristão, omite Moisés da lista dos Magos.
[22] João Crisóstomo, *Adversus Judaeos*, v. 3 (p. 631); *De Laudibus Sancti Pauli Apost. Homil.* iv. (p. 493 D.; ed. Montfauc.).
[23] Hieronymus, *Ep. ad Paullinum*, 53 (texto a. Kayser, pref. ix.).
[24] August., *Epp.,* cxxxviii. Texto citado por Legrand d'Aussy, op. cit., p. 294.
[25] Isidorus Pelusiota, *Epp.,* p. 138; ed. J. Billius (Paris; 1585).

o argumento dos Padres, de que Apolônio usava magia para obter seus resultados, enquanto os cristãos não instruídos podiam realizar curas milagrosas com uma simples palavra,[26] pode ser aceito como válido por um crítico sem preconceito, pois não há evidência que apoie a assertiva de que Apolônio empregava tais métodos em seus milagres. Ao contrário, tanto Apolônio como seu biógrafo, Filostrato, repudiaram veementemente a acusação de magia que lhe fora imputada.

Por outro lado, uns poucos anos mais tarde, Sidônio Apolinário, Bispo de Claremont, tece os maiores elogios a Apolônio. Sidônio traduziu *A Vida de Apolônio* para o latim, oferecendo-a a Leon, o conselheiro do Rei Eurico. Ao escrever para seu amigo, diz: "Leia a vida de um homem que (fora a religião) se parece com você em muitas coisas; um homem procurado pelos ricos que, no entanto, nunca procurou as riquezas; que amava a sabedoria e desprezava o ouro; um homem frugal em meio a festanças, vestido de linho em meio àqueles vestidos de púrpura, austero em meio ao luxo .... Enfim, para falar francamente, nenhum historiador encontrará talvez nos tempos antigos um filósofo cuja vida seja igual a de Apolônio."[27]

Vemos, assim, que mesmo entre os Padres da Igreja as opiniões estavam divididas; enquanto entre os filósofos a glorificação de Apolônio era irrestrita.

Para Amiano Marcelino, "o último súdito de Roma que compôs uma história profana na língua latina," e amigo de Juliano, o imperador-filósofo, refere-se a Apolônio como "aquele filósofo

[26] Veja Arnobius, loc. cit.

[27] Sidonius Apollinaris, *Epp.*, viii. 3. Também Fabricius, *Bibliotheca Graeca*, pp. 549, 565 (ed. Harles). O trabalho de Sidonius sobre Apolônio infelizmente foi perdido.

muito renomado".[28] Enquanto, poucos anos mais tarde, Eunápio, o pupilo de Crisanto, um dos instrutores de Juliano, escrevendo nos últimos anos do século quarto, diz que Apolônio era mais que um filósofo; ele foi "um meio termo, por assim dizer, entre os deuses e os homens."[29] Apolônio não só foi um partidário da filosofia pitagórica, mas "exemplificou plenamente o lado mais divino e prático dela." De fato, Filostrato deveria ter chamado sua biografia *"O Passeio de um Deus entre os Homens."*[30] Esta apreciação aparentemente muito exagerada pode, talvez, ser explicada pelo fato de que Eunápio pertencia à escola que conhecia a natureza das realizações imputadas a Apolônio.

De fato, "até fins do quinto século encontramos um Volusiano, procônsul da África, descendente de uma velha família Romana e ainda fortemente ligado à religião de seus ancestrais, quase adorando Apolônio de Tiana como um ser sobrenatural."[31]

Mesmo após a decadência da filosofia encontramos Cassiodoro, que passou os últimos anos de sua longa vida num mosteiro, falando em Apolônio como o "renomado filósofo."[32] Também, entre os escritores bizantinos, o monge Jorge Sincelo, no século oito, refere-se diversas vezes ao nosso filósofo. Sem a mais leve

---

[28] *Amplissimus ille philosophus* (xxiii. 7). Veja também xxi. 14; xxiii. 19.

[29] Τι θεων τε και ανθρωπου μεσον significando com isto presumivelmente a pessoa que alcançou o grau de ser superior ao homem, mas não ainda igual aos deuses. Isto era chamado pelos gregos a ordem *daemonian*. Mas a palavra *daemon,* devido ao sectarismo virulento, foi há muito degradada de seu antigo alto estágio, e a ideia original é expressa na linguagem popular pelo termo anjo. Compare Platão, *Symposium,* xxiii., Παν το δαιμονιον μεταξυ εστι θεου τε δαι θνητου, "tudo o que é *daemonian* está entre Deus e o homem.

[30] Eunapius, *Vitae Philosophorum, Prooemium*, vi.; ed. Boissonade (Amsterdam; 1822), p. 3.

[31] Réville, *Apollonius of Tyana* (tr. do francês), p. 56 (Londres; 1866). Não consegui, no entanto, descobrir baseado em que foi feita esta declaração.

[32] *Insignis philosophus;* veja seu Chronicon, escrito até o ano de 519.

crítica adversa, declara que ele foi a primeira e mais notável de todas as pessoas ilustres que apareceram dentro do Império.[33] Tzetzes, o crítico e gramático, também chama Apolônio "inteiramente sábio e grande conhecedor de todas as coisas."[34]

O monge Xifilino, no século onze, numa nota ao seu *Compêndio da História de Dion Cassius,* chama Apolônio de um astuto prestidigitador e mágico.[35] Cedreno, no entanto, no mesmo século confere, por merecimento, a Apolônio, o título de "filósofo adepto do pitagorismo,"[36] e relaciona diversos exemplos da eficiência de seus poderes em Bizâncio. De fato, se podemos acreditar em Nicetas, até o século treze, havia em Bizâncio certas portas de bronze, anteriormente consagradas por Apolônio, que foram derretidas porque tornaram-se objeto de superstição, até mesmo para os próprios cristãos.[37]

Se a obra de Filostrato tivesse desaparecido com o restante das biografias, o que foi dito anteriormente seria tudo o que poderíamos conhecer sobre Apolônio.[38] Muito pouco, é verdade, para traçar um caráter tão distinto, no entanto, suficientemente amplo para mostrar que, com exceção do preconceito teológico, os sufrágios da antiguidade foram todos favoráveis ao nosso filósofo.

---

[33] Em sua *Chronographia.* Veja Legrand d'Aussy, op. cit., p. 313.

34 Chiliades, ii. 60.

35 Citado por Legrand d'Aussy, op. cit., p. 286.

36 Φιλοσοφοσ πυθαγορειοσ στοιχειωματικοσ Cedrenus, *Compendium Historiarium,* i. 346; ed. Bekker. A palavra que traduzi por "adepto" significa uma pessoa "que tem poder sobre os elementos."

[37] Legrand d'Aussy, op. cit., p. 308.

[38] Se excetuarmos as Cartas controversas e umas poucas citações de um dos escritos perdidos de Apolônio.

Capítulo 5

Textos, Traduções e Literatura

Voltamos nossa atenção, agora, aos textos, às traduções e à literatura geral sobre o assunto em períodos mais recentes. Apolônio retornou à memória do mundo, após o esquecimento do obscurantismo, com maus auspícios. Logo de início, a velha controvérsia entre Hierocles e Eusébio foi reativada, e toda a questão foi imediatamente retirada da região calma da filosofia e da história e atirada, mais uma vez, na arena tormentosa do preconceito e amargor religiosos. Por muito tempo Aldus hesitou em publicar o texto de Filostrato e somente o fez (em 1501), tendo o texto de Eusébio como apêndice, para que, como ele piamente escreveu, "o antídoto possa acompanhar o veneno." Junto com ele apareceu uma tradução para o latim por Florentino Rinucci.[39]

[39] *Philostratus de Vita Apollonii Tyanei Libri Octo*, tr. por A. Rinuccinus e Eusebius contra Hieroclem, tr. por Z. Acciolus (Veneza; 1501-04, fol.). A tradução de Rinucci foi melhorada por Beroaldus e impressa em Lyons (1504?), e mais uma vez em Cologne, 1534.

Além da versão latina, o século dezesseis também produziu uma tradução italiana[40] e outra francesa.[41]

A *editio princeps* de Aldus foi superada, um século mais tarde, pela edição de Morel,[42] que por sua vez foi seguida ainda um século mais tarde pela de Oleário.[43] Quase um século e meio mais tarde, mais uma vez, o texto de Oleário foi superado pelo de Kayser (o primeiro texto crítico), cujo trabalho em sua última edição contém o aparato crítico mais recente.[44] Todas as informações com relação aos manuscritos serão encontradas nos Prefácios em latim de Kayser.

Vamos tentar agora dar alguma ideia da literatura geral sobre o assunto, para que o leitor possa acompanhar parte da guerra de opinião nas indicações bibliográficas. E se o leitor estiver impaciente com esta questão e ansioso para entrar em algo de maior interesse, pode facilmente omitir este estudo; se for um amante do caminho místico e não se deleitar com disputas controvertidas, pode ao menos simpatizar com o escritor, que foi compelido

---

[40] F. Baldelli, *Filostrato Lemnio della Vita di Apollonio Tianeo* (Florença; 1549, 8 vo)

[41] B. de Vignère, *Philostrate de la Vie d'Apollonius* (Paris; 1596, 1599, 1611). A tradução de Blaise de Vignère foi subsequentemente corrigida por Frédéric Morel e mais tarde por Thomas Artus, Sieurs d'Embry, com notas bombásticas em que ele ataca acirradamente os milagres de Apolônio. Uma tradução francesa também foi feita por Th. Sibilet em torno de 1560, mas nunca publicada; o manuscrito estava na Bibliothèque Imperiale. Veja Miller, *Journal des Savants*, 1849, p. 625, citado por Chassang, op. infr. cit., p. iv.

[42] F. Morellus, *Philostrati Lemnii Opera*, Gr. e Lat. (Paris; 1608).

[43] G. Olearius, *Philostratorum quae supersunt Omnia*, Gr. e Lat. (Leipzig; 1709).

[44] C.L. Kayser, *Flavii Philostrati quae supersunt*, etc. (Zürich; 1844, 4to). Em 1849, A. Westermann também editou um texto, *Philostratorum et Callistrati Opera*, na obra de Didot *Scriptorum Graecorum Bibliotheca* (Paris; 1849, 8vo). Porém Kayser publicou uma nova edição em 1853 (?), e mais tarde uma terceira, com informação adicional no prefácio, na *Bibliotheca Teubneriana* (Leipzig; 1870).

a pesquisar os trabalhos do último século e uma boa dúzia dos de séculos anteriores, antes de poder se aventurar com uma opinião própria em sã consciência.

O preconceito sectário contra Apolônio caracteriza quase toda a opinião antes do século dezenove.[45] Quanto aos livros dedicados diretamente ao assunto, os trabalhos do abade Dupin[46] e de Tillemont[47] constituem-se em acirrados ataques contra o filósofo de Tiana em defesa do monopólio dos milagres cristãos; enquanto os do abade Houtteville[48] e de Lüderwald[49] são menos violentos, ainda que na mesma linha. Um escritor pseudônimo do século dezoito, contudo, estabelece uma orientação diferente ao classificar juntos os milagres dos jesuítas e das outras ordens monásticas com os de Apolônio, cognominando-os de espúrios, outorgando autenticidade apenas aos de Jesus.[50]

---

[45] Para um resumo das opiniões antes de 1807, de escritores que mencionam Apolônio incidentalmente, veja Legrand d'Aussy, op. cit., ii. pp. 313-327.

[46] *L'Histoire d'Apollone de Tyane convaincue de Fausseté et d'Imposture* (Paris; 1705).

[47] *An Account of the Life of Apollonius Tyaneus* (Londres; 1702), traduzido do francês, do vol. ii. de Lenain de Tillemont: *Histoire des Empereurs* (2ª ed., Paris; 1720): à qual são acrescentadas *Some Observations upon Apollonius*. A opinião de Tillemont é que Apolônio foi enviado pelo Diabo para destruir o trabalho do Salvador.

[48] *A Critical and Historical Discourse upon the Method of the Principal Authors who wrote for and against Christianity from its Beginning* (Londres; 1739), trad. do francês de M. l'Abbé Houtteville; à qual foi acrescentada uma *Dissertation on the Life of Apollonius Tyanaeus, with some Observations on the Platonists of the Latter School,* pp. 213-254.

[49] *Anti-Hierocles oder Jesus Christus und Apollonius von Tyana in ihrer grossen Ungleichheit, dargestellt* v. J. B. Lüderwald (Halle; 1793).

[50] *Phileleutherus Helvetius, De Miraculis quae Pythagorae, Apollonio Tyanenesi, Francisco Asisio, Dominico, et Ignatio Lojolae tribuuntur Libellus* (Draci; 1734).

No entanto, Bacon e Voltaire falam de Apolônio com os maiores elogios,[51] e mesmo um século antes deste último, o deísta inglês Charles Blount[52] levantou sua voz contra a maledicência universal vertida sobre o caráter de Apolônio; seu trabalho, no entanto, foi rapidamente suprimido.

Em meio a esta guerra sobre milagres no século dezoito vale a pena notar o curto tratado de Herzog, que procura fazer um apanhado da filosofia e da vida religiosa de Apolônio,[53] porém não houve seguidores de um exemplo tão liberal naquele século de disputas.

Isto cobre a literatura inicial sobre o assunto. Francamente, nada vale a pena ser lido; o problema não podia ser considerado calmamente em tal período. Ele havia começado no terreno falso da controvérsia de Hierocles contra Eusébio, que foi somente um incidente (pois milagres são comuns a todos os grandes instrutores e não só peculiares a Apolônio ou Jesus), e foi acirrado com o aparecimento do enciclopedismo e do racionalismo do período revolucionário. Não que a controvérsia sobre os milagres tenha cessado no último século. Porém, não mais obscurece o horizon-

---

[51] Veja Legrand d'Aussy, op. cit., ii. p. 314, onde são dados os textos.

[52] *The Two First Books of Philostratus Concerning the Life of Apollonius Tyaneus* (Londres; 1680, fol.). As notas de Blount (geralmente imputadas a Lord Herbert) causaram tal clamor que o livro foi condenado em 1693, e poucas cópias ainda existem. As notas de Blount, no entanto, foram traduzidas para o francês um século mais tarde, nos dias do Enciclopedismo e anexadas a uma versão francesa da *Vita*, sob o título *Vie d'Apollonius de Tyane par Philostrate avec les Commentaires donnés en Anglois par Charles Blount sur les deux Premiers Livres de cet Ouvrage* (Amsterdam; 1779, 4 vols., 8vo), com uma dedicatória irônica ao Papa Clemente XIV, assinada "Philalethes."

[53] *Philosophiam Practicam Apollonii Tyanaei in Sciagraphia, exponit M. Io. Christianus Herzog* (Leipzig; 1709); uma alocução acadêmica de 20 pp.

te, e o sol de um julgamento mais calmo pode ser visto atravessando a neblina.

A fim de tornar o resto do nosso sumário mais claro, anexamos ao final deste livro os títulos dos trabalhos que apareceram desde o início do século dezenove, em ordem cronológica.

Um rápido exame desta lista mostrará que o último século produziu uma tradução em inglês (de Berwick), uma em italiano (de Lancetti), uma em francês (de Chassang) e duas em alemão (de Jacob e de Baltzer).[54] A tradução do Rev. E. Berwick é a única versão em inglês. No seu prefácio o autor, apesar de asseverar a falsidade do elemento milagroso na biografia, diz que o resto do trabalho merece atenção cuidadosa. Nenhum dano vai ocorrer para a religião cristã pelo seu estudo, pois não existem alusões à vida de Cristo nela, e os milagres são baseados naqueles atribuídos a Pitágoras.

Este certamente é um ponto de vista mais saudável do que a controvérsia teológica tradicional, que, infelizmente, foi reativada mais uma vez pela grande autoridade de Baur, que viu, em inúmeros documentos antigos da era cristã (em particular nos Atos canônicos), escritos tendenciosos de pouco conteúdo histórico, representando as mudanças da sorte das escolas e dos partidos e não as histórias reais dos indivíduos. *A Vida de Apolônio* foi um destes escritos tendenciosos; seu objetivo era apresentar uma visão oposta ao Cristianismo em favor da filosofia. Baur, portanto, divorcia todo o assunto do seu ângulo histórico e atribui a Filostrato um esquema elaborado, do qual estava inteiramente

[54] Filostrato é um autor difícil de traduzir, porém Chassang e Baltzer fizeram excelentes trabalhos; Berwick também pode ser lido, mas em muitas partes ele apresenta uma transliteração em lugar de uma tradução, o que causa erros frequentes de interpretação. As traduções de Chassang e Baltzer são de longe as melhores.

inocente. A visão de Baur foi em grande parte adotada por Zeller em sua *Philosophie der Griechen* (v. 140) e por Réville na Holanda.

Esta teoria *"Christusbild"* (Cristocêntrica ou "à imagem de Cristo" – N. T.), assumida por uns poucos extremistas ao ponto de negarem que Apolônio jamais tenha existido, esteve em grande voga entre os escritores que trataram do assunto, especialmente os compiladores de artigos para enciclopédias. Assim, esta é uma questão mais ampla do que a disputa tradicional sobre milagres, que foi reativada outra vez com toda a sua antiga limitação de horizonte por Newman, que só usa Apolônio como uma desculpa para uma dissertação sobre os milagres ortodoxos, aos quais ele devota dezoito páginas das vinte e cinco do seu tratado. Noack também segue Baur e, de certa forma Pettersch, apesar de ele levar o assunto para o terreno da filosofia. Möckeberg, pastor de St. Nicolai, em Hamburgo, apesar de procurar ser justo com Apolônio, termina sua loquaz dissertação com uma explosão de elogios ortodoxos a Jesus, elogios aos quais não temos nenhuma aversão, mas que são inteiramente fora do contexto do assunto.

O desenvolvimento da controvérsia sobre os milagres de Jesus e Apolônio numa batalha de Jesus contra Apolônio ou mesmo de Cristo contra o anticristo, disputada, por um lado, por levas de campeões sedentos, contra, no máximo, um débil protesto do outro lado, é um espetáculo doloroso de se contemplar. Com que tristeza Jesus e Apolônio devem ter observado, e devem ainda observar, esta luta acirrada e inútil sobre suas santas pessoas. Por que a posteridade deveria colocá-los frente a frente? Será que ao menos os seus biógrafos fizeram isto após a morte deles? Por que, então, a controvérsia não podia ter cessado com Eusébio? Pois Lactâncio admite francamente o ponto levantado por Hierocles (para exemplificar que Hierocles só se referiu a

Apolônio como um exemplo entre muitos) – de que os milagres não provam a divindade. Baseamos nossas pretensões, diz Lactâncio, *não* nos milagres, mas no cumprimento da profecia.[55] Se esta posição mais equilibrada tivesse sido reativada em vez da de Eusébio, o problema de Apolônio teria sido considerado em seu ambiente histórico natural há quatrocentos anos atrás, e muita tinta e papel teriam sido economizados.

Com o progresso do método crítico, no entanto, as opiniões recobraram parcialmente seu equilíbrio, e é um prazer podermos nos voltar para trabalhos que salvaram o assunto do obscurantismo teológico, colocando-o no campo aberto da pesquisa histórica crítica. Os dois volumes do pensador independente Legrand d'Aussy, que apareceram bem no começo do século passado, foram, para o período, consideravelmente livres de preconceito, e são uma tentativa digna de louvor da imparcialidade histórica. Porém a crítica ainda era incipiente naquele período. Kayser, apesar de não entrar profundamente no assunto, decide que o relato de Filostrato é puramente um *fabularis narratio*, no que é oposto por I. Müller, que argumenta em favor de um forte elemento de história como pano de fundo. Porém, de longe, a melhor separação das fontes é a de Jessen.[56] O estudo de Priaulx trata somente do episódio indiano e não tem valor crítico quanto à estimativa das fontes. De todos os estudos anteriores, os trabalhos de Chassang e Baltzer são os mais inteligentes em geral, pois ambos estavam cientes das possibilidades da ciência psíquica, ainda que, principalmente, do ponto de vista insuficiente dos fenômenos espíritas.

---

[55] Isto teria ao menos colocado Apolônio no seu ambiente natural e confinado a questão da divindade de Jesus ao seu terreno judaico-cristão apropriado.

[56] Sou incapaz de oferecer qualquer opinião sobre o livro de Nielsen, por não conhecer dinamarquês, porém ele tem toda a aparência de um tratado erudito cuidadoso, com abundantes referências.

Quanto ao volume algo pretensioso de Tredwell que, estando em inglês, é acessível ao leitor geral, ele é em grande parte reacionário e é usado como uma camuflagem para a crítica adversa às origens do Cristianismo, segundo um ponto de vista secular, que nega, desde o princípio, a possibilidade de milagre em qualquer sentido da palavra. Um grande número de questões numismatológicas e outras bem conhecidas, que são inteiramente irrelevantes, mas que parecem ser novas e surpreendentes para o autor, são introduzidas, juntamente com um mapa afixado ao frontispício que pretende dar os itinerários de Apolônio, mas com pouca referência ao texto de Filostrato. Realmente, em nenhuma parte Tredwell mostra que está trabalhando com base naquele texto, e o assunto, em suas mãos, é simplesmente uma desculpa para uma dissertação incoerente sobre o primeiro século em geral, de acordo com o ponto de vista dele.

Isto tudo é lastimável, pois com exceção da tradução de Berwick, que é quase impossível de ser encontrada, não temos nada de valor em inglês para o leitor geral,[57] exceto do pequeno esboço de Sinnett que é descritivo em vez de crítico ou explicativo.

Nisto resume-se a história da opinião existente sobre Apolônio; vamos agora voltar para o Apolônio de Filostrato e tentar, se possível, descobrir alguns traços do homem, como se apresentou na história, e a natureza de sua vida e trabalho.

[57] *O Cristo* de Réville Pagan é bem uma representação errônea do assunto, e o tratamento de Newman sobre a questão torna o seu tratado um anacronismo para o século vinte.

Capítulo 6

O Biógrafo de Apolônio

Flavius Filostrato, autor da única biografia de Apolônio que chegou até nós,[58] era um homem letrado e conhecido que viveu no último quarto do segundo século e na primeira metade do terceiro (*cir.* 175-245 d.C.). Ele fazia parte de um círculo de escritores e pensadores famosos reunidos ao redor da imperatriz-filósofa[59] Júlia Domna, que foi o espírito guia do Império durante os reinados de seu marido Septímio Severo e de seu filho Caracala. Os três membros da família real eram estudantes da ciência oculta, sendo aquele um período em que havia paixão pelas artes ocultas, boas e más. Por isto o cético Gibbon, em sua curta história de Severo e sua famosa esposa escreve:

"Como a maior parte dos africanos, Severo era apaixonadamente aficionado dos fúteis estudos da magia e da adivinhação, profundamente versado na interpretação de sonhos e presságios, e perfeitamente familiarizado com a ciência da astrologia impar-

[58] – Consistindo de oito livros escritos em grego com o título geral de: Τα εσ τον Τυανεα Απολλωνιον.

[59] – η φιλοσοφοσ, veja art. *Filostratus* no Dicionário de Smith de Biog. Gr. e Rom. (Londres; 1870), iii. 327b.

cial, que em quase todas as idades, exceto no presente, manteve seu domínio sobre a mente do homem. Ele perdeu sua primeira mulher quando era governador da Gália Lionesa. Na escolha da segunda esposa, procurou unir-se a uma pessoa favorecida pela fortuna. Tão logo descobriu que uma jovem de Emesa, na Síria, tinha um *nascimento real*,[60] solicitou e obteve sua mão. Júlia Domna[61] (pois este era o seu nome) merecia tudo o que as estrelas poderiam lhe prometer. Ela possuía, mesmo numa idade avançada,[62] os atrativos de beleza, unidos a uma imaginação vívida, uma firmeza de mente e a força de discernimento, raramente encontrada em seu sexo. Suas suaves qualidades nunca causaram impressão muito profunda no temperamento sombrio e ciumento de seu marido.[63] Porém, no reinado do seu filho, ela administrou as principais questões do Império com uma prudência que reforçava a autoridade dele e com uma moderação que, às vezes, corrigia suas extravagâncias desenfreadas. Júlia se dedicava às letras e à filosofia com algum sucesso e gozava de esplêndida reputação. Ela era a patrona de cada arte e a amiga de todo homem de gênio".[64]

Vemos, portanto, mesmo na estimativa algo relutante de Gibbon, que Domna Júlia era uma mulher de caráter notável, cujos atos externos dão evidência de um propósito interior, e cuja vida privada não foi escrita. Foi a seu pedido que Filostrato escreveu *A Vida de Apolônio*, e foi ela quem forneceu a ele, como base, certos manuscritos que estavam em seu poder, pois a linda filha de Bassiano, sacerdote do Sol em Emesa, era uma ardente colecionadora de livros de toda parte do mundo, especialmente

---

[60] Os itálicos são de Gibbon.

[61] Mais corretamente Domna Julia; Domna não sendo uma forma abreviada de Domina, mas o nome Sírio da imperatriz.

[62] Ela morreu em 217 d.C.

[63] O contrário é mantido por outros historiadores.

[64] *Decline and Fall* de Gibbon, I. vi.

de manuscritos de filósofos e de memorandos e notas biográficas relacionadas a estudantes famosos da natureza interna das coisas.

É duvidoso que Filostrato fosse a pessoa mais indicada a quem confiar tarefa tão importante. É verdade que ele era um hábil estilista e homem de letras experiente, crítico da arte e ardente colecionador de antiguidades, como podemos ver em seus outros trabalhos. Mas era um sofista e não um filósofo. Ainda que fosse um entusiástico admirador de Pitágoras e de sua escola, o era a distância, considerando-a mais através de uma maravilhosa atmosfera de curiosidade e beleza, filha de uma imaginação vívida, que de um conhecimento pessoal de sua disciplina, um conhecimento prático daquelas forças ocultas da alma, com as quais seus adeptos lidavam. Devemos, portanto, esperar um esboço superficial de uma coisa vista por alguém de fora e não a da própria coisa experimentada intimamente.

O texto a seguir é a narrativa de Filostrato das fontes das quais ele obteve suas informações a respeito de Apolônio:[65]

"Coligi meu material, em parte, das cidades que o amavam; dos templos cujos ritos e regulamentos ele restaurou, retirando-lhes da negligência; do que outros disseram a seu respeito e de suas próprias cartas.[66] Informações mais detalhadas obtive como segue-se. Dâmis era um homem de uma certa instrução, que viveu por algum tempo na antiga cidade de Ninus.[67] Ele tornou-se um discípulo de Apolônio e registrou suas viagens, nas quais participou, e também as opiniões, palavras e previsões de seu mestre. Um membro da família de Dâmis trouxe para a Impe-

---

[65] Uso as edições de 1846 e de 1870 do texto de Kayser.

[66] Uma coleção destas cartas (mas não todas) estava em poder do Imperador Adriano (d.C. 117 - 138) e havia sido encontrada em seu palácio em Antium (vii. 20). Isto prova a grande fama que Apolônio gozava pouco antes de seu desaparecimento da história e enquanto ele era uma memória viva. Deve ser notado que Adriano era um governante iluminado, um grande viajante, amante da religião e iniciado nos Mistérios Eleusinos.

[67] Nínive.

ratriz Júlia os cadernos[68] contendo estas memórias, que até então não eram conhecidas. Como eu pertencia ao círculo desta princesa, que era uma amante e patrona de todas as produções literárias, ela ordenou-me reescrever estes esboços e melhorar sua forma de expressão, pois, apesar do ninivita se expressar claramente, seu estilo estava longe de ser correto. Eu também tive acesso a um livro de Máximo[69] de Ege, que continha todas as realizações de Apolônio em Ege.[70] Havia também um testamento de Apolônio, do qual podemos deduzir quanto ele quase deificava a filosofia.[71] Quanto aos quatro livros de Merágenes[72] sobre Apolônio, eles não merecem atenção, pois ele não sabia quase nada dos fatos de sua vida." (i. 2, 3).

Estas foram as fontes de que se serviu Filostrato para obter suas informações, as quais infelizmente não nos são mais acessíveis, com exceção, talvez, de umas poucas cartas. Tampouco Filostrato economizou esforços para coligir informações sobre o assunto, pois, na conclusão (viii. 31) de sua obra, ele nos diz que viajou para muitas partes do mundo e por toda parte deparou-se com as "palavras inspiradas"[73] de Apolônio, e que estava especialmente a par do templo dedicado à memória de nosso filósofo de Tiana, fundado às custas do Império ("pois os imperadores não o julgaram indigno de honras semelhantes às deles"), cujos sacerdotes, deve-se presumir, haviam obtido o máximo de infor-

---

[68] Τασ δελτουσ, as tabuletas para escrita. Isto sugere que a narrativa de Dâmis não podia ser muito volumosa, apesar do fato de que Filostrato mais tarde declara sua natureza detalhada (i. 19).

[69] Um dos secretários imperiais daquele tempo, que era famoso por sua eloquência, e tutor de Apolônio.

[70] Um vilarejo não muito longe de Tarso.

[71] Ωσ υποθειαζων την φιλοσοφιαν εγενετο. O termo υποθειαζων ocorre somente nesta passagem e, portanto, não estou bem certo de seu significado.

[72] Esta *Vida* escrita por Merágenes é casualmente mencionada por Orígenes, Contra Celsum, vi. 41; ed Lommatzsch (Berlim; 1841), ii. 373.

[73] Λογοισ δαιμονιοισ.

mação possível a respeito de Apolônio.

Uma análise completamente crítica do esforço literário de Filostrato, portanto, deveria levar em consideração todos estes fatores e procurar remontar cada declaração à sua fonte original. Mas mesmo assim, a tarefa do historiador seria incompleta, pois é transparentemente evidente que Filostrato 'embelezou' consideravelmente a narrativa com numerosas notas e adições de seu próprio punho e com a composição de vários discursos.

Como os antigos escritores não separavam suas notas do texto, nem as indicavam de nenhuma forma distinta, temos que permanecer constantemente de sobreaviso para detectar as fontes originais dos comentários do escritor.[74] Na verdade, Filostrato está sempre se aproveitando da menção de um nome ou assunto para mostrar seu próprio conhecimento que, com frequência, é de natureza extremamente legendária e fantástica. Este é especialmente o caso de sua descrição das viagens de Apolônio à Índia. Naquele época e por muito tempo depois, a Índia era considerada como o fim do mundo, e uma infinidade das mais estranhas 'histórias de viajantes' e fábulas circulavam a este respeito. Basta que se leia os relatos de escritores sobre a Índia,[75] do tempo de Alexandre em diante, para descobrir a fonte da maior parte dos estranhos incidentes que Filostrato registra como experiências de Apolônio. Escolhendo um entre cem casos, Apolônio teve que atravessar o Cáucaso, um nome indefinido para o grande sistema de cadeias de montanhas que estabelece os limites ao norte de Ariavarta. Prometeu foi acorrentado no Cáucaso, como todas

---

[74] Raramente temos uma indicação tão clara como, por exemplo, em i. 25: "As palavras seguintes foi o que *eu* fui capaz de aprender ... sobre a Babilônia."
[75] Veja E.A. Schwanbeck, *Megasthenis Indica* (Bonn; 1846), e J.W. M'Crindle, *Ancient India as described by Megasthenes and Arrian* (Calcutá, Bombaim, Londres; 1877), *The Commerce and Navigation of the Erythrean Sea* (1879), *Ancient India as described by Ktesias* (1882), *Ancient India as described by Ptolemy* (Londres; 1885), e *The Invasion of India by Alexander the Great* (Londres; 1893, 1896).

as crianças haviam aprendido por séculos. Portanto, se Apolônio cruzou o Cáucaso, ele deveria ter visto aquelas correntes. E isto ocorreu, assevera-nos Filostrato (ii. 3). Não só isto, logo ele oferece a informação adicional de que não era possível dizer de que material as correntes eram feitas! Uma leitura atenta de Megastenes, porém, rapidamente reduzirá o longo relato de Filostrato sobre as viagens de Apolônio à Índia (i. 41 - iii. 58) no seu justo limite. Pois, página após página, consiste simplesmente de enxertos retirados de alguma das numerosas *Indicas* a que nosso erudito autor teve acesso.[76] A julgar por tais escritores, Porus[77] (o Rajá conquistado por Alexandre) era o rei imemorial da Índia. Na verdade, ao falar da Índia ou de qualquer outro país pouco conhecido, um escritor, naquele tempo, tinha que apresentar toda a lenda popular associada ao país, ou ele não teria muita chance de ser ouvido. Ele tinha que dar um colorido local à sua história, e este era especialmente o caso num esforço técnico retórico como o de Filostrato.

Também era costume inserir discursos, colocando-os na boca de pessoas bem conhecidas, em circunstâncias históricas; alguns exemplos podem ser vistos em Tucídides e nos Atos dos Apóstolos. Filostrato faz isto com frequência.

Porém, tomaria muito tempo fazer uma investigação detalhada do assunto, apesar deste escritor ter preparado notas sobre todos estes pontos, pois isto significaria escrever um volume e não um esboço. Portanto, somente poucos pontos serão apresentados, para que os estudantes fiquem de sobreaviso para filtrar Filostrato de suas fontes.[78]

---

[76] Outro bom exemplo disto é a investigação sobre elefantes que Filostrato retira da *História da Líbia* de Juba (ii. 13 e 16).

[77] Talvez um título, ou o rei dos Purus.

[78] Não que Filostrato faça qualquer mistério de seus embelezamentos; veja, por exemplo, ii. 17, onde ele diz: "Permita-me, porém, adiar o que *eu* tenho a dizer sobre o assunto das serpentes, da forma de caçar que Dâmis oferece

Ainda que tenhamos que permanecer numa atitude inteiramente crítica no que concerne a fatos definitivamente históricos, devemos estar igualmente alertas contra os pontos de vista eivados de preconceitos modernos. Só existe uma literatura religiosa da antiguidade que foi tratada com verdadeira simpatia no Ocidente, e esta é a judaico-cristã. Somente nela os homens foram treinados a se sentir à vontade, e tudo na antiguidade que trata de religião de maneira diferente da forma judaica ou cristã é tido como estranho e, se obscuro ou extraordinário, como sendo até mesmo repulsivo. Os ditos e as ações dos profetas judeus, de Jesus e dos Apóstolos são relatados com reverência, adornados com as maiores belezas da dicção, e iluminados com o melhor pensamento da época; enquanto os dizeres e as realizações de outros profetas e instrutores foram, em geral, submetidos à crítica mais acirrada, sem que nenhuma tentativa fosse feita para compreender seu ponto de vista. Caso uma justiça imparcial tivesse sido dispensada a todos, o mundo hoje seria mais rico em simpatia, em abertura de mente, em compreensão da Natureza, da humanidade e de Deus, em resumo, mais rico em experiência da alma.

Assim, ao ler *A Vida de Apolônio* devemos nos lembrar que temos que vê-la com os olhos de um grego e não de um judeu ou de um protestante. Os Muitos, na sua própria esfera, devem ser para nós uma manifestação tão autêntica do Divino como o Um ou o Todo, pois, na verdade, os Deuses existem apesar dos mandamentos e dos credos. Os Santos, Mártires e Anjos parecem ter tomado o lugar dos Heróis, *Daemons*[79] e Deuses, mas a mudança de nome e de ponto de vista entre os homens não afeta nem um pouco fatos inalteráveis. É tarefa muito difícil perceber os fatos da religião universal sob nomes que são constantemente altera-

---

uma descrição."

[79] Os *daemons*, pronunciado 'demons,' era o termo usual grego para referir-se ao ser ou espírito interior, o que chamaríamos de Eu Superior (Nota Ed. Bras.)

dos e, então, perceber com total simpatia e compreensão as esperanças e os medos de cada fase da mente religiosa, no sentido de tentar compreender as vidas anteriores de nossas próprias almas. Mas, até que possamos nos colocar judiciosamente no lugar dos outros, jamais poderemos ver mais que um lado da Vida Infinita de Deus. Um estudante de religião comparada não deve ter medo da terminologia; não deve se arrepiar quando se encontra com o politeísmo, ou recuar horrorizado quando se defronta com o dualismo, ou sentir uma crescente satisfação quando se depara com o monoteísmo. Não deve sentir temor ou reverência quando pronuncia o nome de Yahweh e desprezo quando profere o nome de Zeus. Não deve mentalizar um sátiro quando lê a palavra *daemon*, e imaginar um sonho alado de beleza quando pronuncia a palavra *anjo*. Para este estudante, heresia e ortodoxia não devem existir; ele só vê sua própria alma elaborando sua própria experiência, olhando para a vida de todos os pontos de vista possíveis, para que tenha a felicidade de finalmente ver o todo, e tendo visto o todo, possa tornar-se um com Deus.

Para Apolônio a mera fé de um homem não era essencial. Ele ficava à vontade em todos os países, em qualquer culto. Tinha sempre uma palavra de ajuda para todos, um conhecimento íntimo dos aspectos particulares de cada um, o que lhe possibilitava restaurar-lhes a sua saúde. Estes homens são raros; os registros sobre tais pessoas são preciosos e não requerem os embelezamentos de nenhum retórico.

Vamos, então, procurar recuperar o esboço da vida externa e das viagens de Apolônio podado dos embelezamentos de Filostrato e, assim, tentar tecer considerações sobre a natureza de sua missão, o sistema filosófico que tanto amava e que era sua religião, e finalmente, se possível, algo sobre sua vida interior.

Capítulo 7

Os Primeiros Anos de Sua Vida

Apolônio nasceu[80] em Tiana, uma cidade no sul da Capadócia[81], nos primeiros anos da era cristã. Seus pais eram de uma família antiga e possuíam uma fortuna considerável (i.4). Desde tenra idade deu sinais de uma memória poderosa e disposição para estudar, sendo notável por sua beleza. Com a idade de quatorze anos foi enviado a Tarso, um centro de instrução famoso daquela época, para completar seus estudos. Porém a mera retórica, estilo e tipo de vida das escolas não eram muito apropriados para sua disposição séria e, rapidamente, ele partiu para Aegae (Ege), uma cidade na costa, à leste de Tarso. Lá ele encontrou um ambiente mais propício às suas necessidades e mergulhou com ardor no estudo da filosofia. Tornou-se muito ligado aos sacerdotes do templo de Esculápio, onde curas ainda eram efetuadas, e gozava do convívio e da instrução dos

---

[80] Lendas dos acontecimentos maravilhosos no seu nascimento circulavam na época e eram da mesma natureza de todas as legendas sobre o nascimento dos grandes seres.

[81] Região da antiga Grécia, na Ásia, atual Turquia, perto da cidade de Tarso, onde nasceu o grande apóstolo Paulo, seu contemporâneo. (Nota Ed. Bras.)

alunos e professores das escolas de filosofia platônica, estoica, peripatética e epicuriana. Porém, apesar de ter estudado todos estes sistemas de pensamento com atenção, foram as lições da escola pitagórica que apreendeu com compreensão e profundidade extraordinárias,[82] ainda que seu professor, Euxeno, fosse um mero papagaio das doutrinas e não um praticante da disciplina. Porém este papagaiar não era suficiente para o espírito ávido de Apolônio; sua memória extraordinária, que infundia vida nas expressões monótonas de seu tutor, instaram-no a seguir adiante, e, com a idade de dezesseis anos, "ele subiu às alturas na vida pitagórica, impulsionado por algum grande ser."[83] Apesar disso manteve sua afeição pelo homem que lhe havia falado sobre o caminho e recompensou-o generosamente (i. 7).

Quando Euxeno lhe perguntou como ele iria começar seu novo modo de vida, respondeu: "Como os médicos purificam seus pacientes." A partir de então, recusou-se a tocar tudo o que tinha vida animal, porque densificava a mente tornando-a impura. Considerava que a única forma pura de comida era a que a terra produzia, frutos e vegetais. Também se abstinha de vinho, pois apesar de ser feito de frutos "ele tornava túrbido o éter[84] da alma" e "destruía a compostura da mente." Além disso andava descalço, deixou seu cabelo crescer e usava somente linho[85]. Ele vivia então no templo, com a admiração dos sacerdotes e a aprovação expressa de Esculápio,[86] tornando-se rapidamente tão famoso por

---

[82] Αρρητω τινι σοφια ξυνελαβε.

[83] Seu tutor; ou seja, a *memória* dentro dele, ou seu *daemon.*

[84] Este éter era presumivelmente a matéria mental.

[85] É interessante notar que estas três características de vida também foram compartilhadas por Jesus. (Nota Ed. Bras.)

[86] Isto presumivelmente quer dizer que ele foi encorajado em seus esforços por aqueles auxiliares invisíveis do templo por meio dos quais as curas eram efetuadas nos sonhos e a ajuda era dada de forma psíquica e mesmérica.

seu ascetismo e vida piedosa que um ditado[87] dos Cilícios a este respeito tornou-se um provérbio (i. 8).

Quando tinha vinte anos seu pai morreu (sua mãe tendo falecido alguns anos antes), deixando uma fortuna considerável, que Apolônio deveria compartilhar com seu irmão mais velho, um jovem extravagante e dissoluto de vinte e três anos. Sendo ainda menor de idade, Apolônio continuou a residir em Ege, onde o templo de Esculápio havia se tornado, então, um centro de estudos muito frequentado, e ecoando de um extremo ao outro com o som de discursos filosóficos elevados. Ao atingir a maioridade, voltou a Tiana para tentar salvar seu irmão de sua vida de vícios. Seu irmão aparentemente havia exaurido sua parte legal da propriedade, e Apolônio imediatamente passou a metade do seu próprio quinhão para ele e, por meio de amáveis conselhos, conseguiu restabelecer a hombridade de seu irmão. Na verdade, ele parece ter devotado seu tempo a colocar em ordem os negócios da família, pois distribuiu o resto do seu patrimônio entre alguns de seus parentes, guardando para si uma pequena parte. Necessitava de muito pouco, disse, e nunca iria se casar (i. 13).

Ele então fez voto de silêncio por cinco anos, pois estava determinado a não escrever sobre filosofia até haver passado por esta saudável disciplina. Estes cinco anos foram passados principalmente na Panfília e na Cicília. Apesar de passar muito tempo estudando, não se enclausurou numa comunidade ou mosteiro, mas continuou viajando de cidade em cidade. As tentações para quebrar seu voto autoimposto foram enormes. Sua estranha aparência chamava a atenção de todos. O povo amante do riso fazia do filósofo silencioso o alvo de suas brincadeiras inescrupulosas, e a única proteção que tinha contra as grosserias e incompre-

[87] "Para onde você vai com tanta pressa? Você está indo ver o jovem?"

ensões era a dignidade de sua conduta e de um olhar que agora podia ver o passado e o futuro. Muitas vezes esteve à beira de explodir contra algum insulto excepcional ou um mexerico. Porém, sempre se refreava, lembrando as palavras: "Coração, sê paciente e tu, minha língua, fica quieta"[88] (i. 14).

Porém, mesmo esta rígida repressão da forma comum de falar não lhe impedia de fazer o bem. Ainda com pouca idade começou a corrigir abusos. Com olhos, mãos e movimentos da cabeça, ele se fazia entender, e numa ocasião, em Aspendo na Panfília, impediu um sério tumulto, silenciando a multidão com seus gestos dominadores e, então, escrevendo o que tinha a dizer em sua lousa (i. 15).

Até aqui, ou talvez somente até o momento da partida de Apolônio da cidade de Ege, Filostrato, aparentemente, baseou-se no relato de Máximo de Ege. Existe então um hiato considerável na narrativa, e dois curtos capítulos de vagas generalidades (i.16, 17) é tudo o que Filostrato pode produzir como registro de uns quinze ou vinte anos,[89] até o início das notas de Dâmis.

Após os cinco anos de silêncio, encontramos Apolônio em Antióquia. Porém, este parece ser apenas um incidente num longo circuito de viagens e trabalho, sendo provável que Filostrato tenha colocado Antióquia em evidência meramente devido ao fato de que sabia pouco sobre este período da vida de Apolônio, e esteve muitas vezes naquela cidade. Incidentalmente Filostrato relata que, mais tarde (i.20; iv.38), Apolônio passou algum tempo entre os árabes e que recebeu instruções deles. Devemos entender por Arábia a região ao sul da Palestina, que era neste

---

[88] Compare com a *Odisseia,* xx. 18.

[89] Estou inclinado a pensar, no entanto, que Apolônio ainda era bem jovem quando iniciou suas viagens à Índia, em vez de ter quarenta e seis anos, como alguns supõem. Porém, as dificuldades da maior parte da cronologia são insuperáveis.

período um polo de atração de comunidades místicas[90]. Os lugares que ele visitou ficavam fora das localidades mais conhecidas, onde permeava o espírito de santidade, e não nas cidades populosas e tumultuadas, pois o assunto de suas conversas, ele disse, requeria *"homens*[91] e não pessoas."[92] Ele passava o tempo indo de um a outro templo, santuário ou comunidade. Disto, podemos concluir que deve ter havido algum tipo de maçonaria entre eles, de natureza iniciática que lhe abrira hospitaleiramente as portas.

Sem embargo, onde estivesse, sempre distribuía metodicamente seu tempo. Ao alvorecer praticava certos exercícios religiosos sozinho, cuja natureza só comunicava àqueles que haviam passado pela disciplina de "quatro anos" (cinco?) de silêncio. Conversava depois com os sacerdotes do templo ou chefes da comunidade, dependendo se estivesse hospedado num templo grego, com rituais públicos, ou numa comunidade com disciplina peculiar sem culto público.[93]

Procurava, assim, devolver aos cultos públicos sua antiga pureza tradicional e sugerir melhorias nas práticas das fraternidades privadas. A parte mais importante de seu trabalho era consagrada àqueles que seguiam a vida interior e que já consideravam-no como um instrutor do caminho oculto. A estes companheiros (εταιρουσ) e pupilos (ομιλητασ), devotava muita atenção, estando sempre disposto a responder suas perguntas e dar conselhos e instruções. Não que negligenciasse o povo; era seu cos-

---

[90] Esta designação genérica de 'Arábia', provavelmente incluía a comunidade dos essênios de Qumrã, tornada famosa neste século pela imensa biblioteca de papiros descobertos em várias cavernas nas imediações das ruínas desta antiga comunidade. Aliás, seria de estranhar que Apolônio, em sua busca incessante de centros esotéricos, não tivesse visitado a famosa comunidade dos essênios, notáveis por sua pureza e dons de cura. (Nota Ed. Bras.)

[91] "Homens" referia-se àqueles indivíduos que tinham alcançado a plenitude do ser. (Nota Ed. Bras.)

[92] Φησασ ουκ ανθρωπων εαυτω δειν, αλλ ανδρων.

[93] Ιδιοτροπα.

tume invariável ensiná-lo, mas sempre depois do meio-dia. Para aqueles que viviam a vida interior,[94] ele dizia, que deveriam, ao alvorecer do dia, entrar na presença dos Deuses,[95] então passar o tempo até o meio-dia dando e recebendo instruções sobre as coisas sagradas e, somente após o meio-dia, devotarem-se aos negócios humanos. Isto quer dizer que Apolônio devotava a manhã à ciência divina e a tarde à instrução sobre ética e vida prática. Após o trabalho do dia, banhava-se em água fria, como faziam muitos místicos daquele tempo nestas regiões, notavelmente os essênios e os terapeutas (i. 16).

"Depois destas coisas," diz Filostrato, tão vagamente como o escritor de uma narrativa evangélica, Apolônio determinou-se a visitar os brachmanes e sarmanes.[96] O que induziu nosso filósofo a fazer uma jornada tão longa e perigosa não aparece em nenhum lugar em Filostrato, que simplesmente disse que Apolônio achou que viajar era uma coisa boa para um jovem.[97] É mais que evidente, no entanto, que Apolônio nunca viajou meramente com o propósito de passear. Aquilo que faz é feito com um propósito claro. E seus guias, nesta ocasião, como ele assegurou a seus discípulos, que procuraram dissuadi-lo deste empreendimento e se recusaram a acompanhá-lo, eram a sabedoria e seu monitor interno (*daemon*). "Como vocês estão receosos," diz o peregrino solitário, "despeço-me de vocês. Quanto a mim, devo ir a qualquer lugar onde a sabedoria e meu eu interior me conduzirem. Os Deuses são meus guias e posso valer-me de seus conselhos." (i. 18).

---

94 Τουσ ουρω φιλοσοφουντασ.

95 Presume-se que isto quer dizer: passar o tempo em meditação silenciosa.

96 Isto é, os brâmanes e os budistas. *Sarman* é a corruptela grega do sânscrito *shramana* e do páli *samano*, o termo técnico para um budista ascético ou monge. A ignorância dos copistas mudou *sarmanes* primeiro para *germanes* e depois para *hyrcanians!*

97 Isto demonstra que Apolônio ainda era jovem e não estava entre quarenta e cinquenta anos, como alguns asseveraram. Tredwell (p.77) indica a data das viagens à Índia como 41-54 d.C.

Capítulo 8

As Viagens de Apolônio

E assim Apolônio parte da Antióquia e viaja para Ninus, as ruínas da outrora grande Nina, ou Nínive. Lá ele se encontra com Dâmis, que se torna seu constante companheiro e discípulo fiel. "Vamos continuar juntos," diz Dâmis em palavras que nos lembram em algo as de Ruth. "Tu deves seguir a Deus, e eu a ti!" (i. 19).

A partir deste ponto Filostrato admite basear-se em grande parte na narrativa de Dâmis, e, antes de continuarmos, é necessário tentar estabelecer uma estimativa do caráter de Dâmis e descobrir até que ponto ele gozou da verdadeira confiança de Apolônio.

Dâmis era um entusiasta que amava Apolônio com afeição apaixonada. Via em seu mestre um ser quase divino, possuindo poderes maravilhosos sobre os quais ele constantemente se admirava, mas que nunca pôde entender. Como Ananda, o discípulo favorito do Buda e seu companheiro constante, Dâmis progrediu lentamente na compreensão da natureza real da ciência espiritual. Ele sempre tinha que permanecer nos recintos externos dos templos e das comunidades em cujos santuários Apolônio tinha pleno acesso e a confiança interior (de seus sacerdotes), e ele frequentemente declarava desconhecer os planos e propósitos de seu mestre.[98] O fato adicional de que ele se refere a suas notas como as "migalhas"[99] dos "banquetes dos Deuses" (i.19), os banquetes nos quais ele, em geral, só podia aprender em segunda mão daquele pouco que Apolônio achava conveniente lhe dizer e que, sem dúvida, em grande parte não compreendia e fantasiava com sua própria imaginação, constitui mais uma confirmação deste ponto de vista, se qualquer confirmação adicional for necessária. É evidente, além do mais, que Dâmis estava fora do círculo da iniciação,[100] e isto explica sua admiração pelos milagres e sua superficialidade geral.

Outro fato que sobressai eminentemente da sua narrativa é sua timidez.[101] Ele está constantemente receoso por sua sorte e pela do seu mestre, e mesmo, mais ao final, quando Apolônio foi aprisionado por Domiciano, foi necessária a remoção fenomênica dos grilhões diante de seus olhos para assegurar-se de que Apolônio foi uma vítima complacente.

---

[98] Veja especialmente iii. 15, 41; v. 5, 10; vii. 10, 13; viii. 28.

[99] Εκφατνισματα.

[100] É mais provável, no entanto, que Dâmis realmente fosse um iniciado e estivesse simplesmente cumprindo seu juramento de não revelar ao público os segredos dos mistérios. Sabemos que os Mestres sempre conservam junto de si seus discípulos mais íntimos, portanto, em vez de um mero companheiro de viagem, como sugere Mead (Seção X), é possível que Dâmis fosse um discípulo querido do Mestre, merecedor de toda sua confiança, e da qual obviamente faz jus ao adotar uma postura ingênua e humilde no que tange à sua participação nas atividades mais internas de Apolônio. (Nota Ed. Bras.)

[101] Veja especialmente vii. 13, 14, 15, 22, 31.

Dâmis se regozija e se maravilha; aproveita detalhes sem importância e exagera-os, enquanto só pode relatar as coisas realmente importantes baseado no que ele imagina ter ocorrido segundo as poucas indicações de Apolônio. À medida que a história avança, é bem verdade, assume um caráter mais sóbrio; mas o que Dâmis omite, Filostrato, sempre que pode, está pronto a suprir de seu depósito de maravilhas.

No entanto, mesmo que o bisturi da crítica cortasse cada pedaço de carne deste corpo de tradição e lenda, ainda permaneceria um esqueleto de fatos que assim mesmo representaria Apolônio e nos daria alguma ideia de sua estatura.

Apolônio foi um dos maiores viajantes conhecidos na antiguidade. Entre os países e lugares que ele visitou, os seguintes são os principais que Filostrato registrou:[102]

De Nínive (i. 19) Apolônio viaja para Babilônia (i. 21), onde fica por um ano e oito meses (i. 40) e visita cidades circunvizinhas como Ecbatana, a capital da Média (i. 39). Da Babilônia até a fronteira da Índia nenhum nome é mencionado. Entrou na Índia muito provavelmente pelo Passo Khaibar (ii. 6),[103] pois a primeira cidade mencionada é Taxila (Attock) (ii. 20); e assim eles seguem seu caminho pelos tributários do Ganges (iii. 5) e, fi-

[102] A lista está cheia de lacunas, pois não podemos supor que as notas de Dâmis sejam algo como o registro completo dos numerosos itinerários; não só isto, mas somos tentados a acreditar que muitas viagens, nas quais Dâmis não tenha participado, foram omitidas.

[103] Neste ponto, de algum modo, avistaram as montanhas gigantes, os Imaus (Himavat) ou a cordilheira dos Himalaias, onde se encontra a grande montanha Meros (Meru). O nome do Olimpos hindu foi modificado para Meros, em grego, ainda antes da expedição de Alexandre, dando lugar ao mito do nascimento de Baco de uma coxa *(meros)* de Zeus – presumivelmente um dos fatos que levou o professor Max Müller a estigmatizar toda a mitologia como uma "doença da linguagem."

nalmente, chegam ao 'mosteiro dos homens sábios' (iii.10), onde Apolônio passa quatro meses (iii.50).

Este mosteiro situava-se presumivelmente no Nepal; ficava nas montanhas, e a 'cidade' mais próxima é chamada Paraca. O caos que Filostrato fez do relato de Dâmis e, antes dele, as maravilhosas transformações que o próprio Dâmis realizou com os nomes indianos, mostram-se presumivelmente nesta palavra. Paraca é provavelmente tudo o que Dâmis pôde entender de Bharata, o nome genérico do vale do Ganges, em que os árias dominantes habitavam. É também provável que estes homens sábios fossem budistas, pois moravam numa τυρσισ (construção com aparência de fortaleza, como eram os grandes templos budistas), um lugar que se parecia com um forte, ou fortaleza, para Dâmis.

Não tenho nenhuma dúvida de que Filostrato estava completamente perdido na geografia da Índia baseado nos nomes do diário de Dâmis. Eles eram-lhe totalmente desconhecidos, e assim que exauriu os poucos nomes gregos que conhecia dos relatos da expedição de Alexandre, ele vagueia pelos 'confins da terra,' e não podia fazer mais nada além de colocar nossos viajantes outra vez no trajeto de volta no estuário do Indo. O fato relevante de que Apolônio estava se dirigindo a uma certa comunidade, que era sua meta peculiar, impressionou tanto a imaginação de Filostrato (e talvez a de Dâmis antes dele) que ele a descreveu como sendo o único centro do gênero na Índia. Apolônio foi à Índia com um propósito e regressou com uma missão distinta;[104] e provavelmente suas constantes inquirições com relação aos 'homens sábios' que estava procurando, levou Dâmis a imaginar

[104] Referindo-se aos seus instrutores, ele diz, "sempre me lembro de meus mestres, e viajo pelo mundo ensinando o que aprendi com eles" (vi.18).

que eles eram os únicos 'gimnosofistas', os 'filósofos desnudos,' se devemos tomar o termo em seu sentido literal, da lenda grega popular, que atribuía por ignorância a todos os ascetas hindus as peculiaridades gritantes de um número muito pequeno destes ascetas. Retornemos, porém, ao nosso itinerário.

Filostrato floreia o relato da viagem no Indo até a desembocadura do Eufrates (iii. 52-58) com os contos dos viajantes e nomes de ilhas e cidades da Índia que lhe eram acessíveis, e assim voltamos outra vez à Babilônia e à geografia familiar com o seguinte itinerário:

Babilônia, Nínive, Antióquia, Seleucia, Chipre; daí para Jônia (iii.58), onde ele passa algum tempo na Ásia Menor, especialmente em Éfeso (iv.1), Smirna (iv.5), Pérgamo (iv.9) e Troia (iv.11). Daí Apolônio atravessa para Lesbos (iv.13) e subsequentemente vai de barco até Atenas, passando alguns anos na Grécia (iv.17-33) visitando os templos de Hellas, reformando seus rituais e instruindo seus sacerdotes (iv.24). A seguir encontramo-lo em Creta (iv.34) e, logo após, em Roma, no tempo de Nero (iv.36-46).

Em 66 d.C., Nero publicou um decreto proibindo todos os filósofos de permanecerem em Roma, e Apolônio partiu para a Espanha, desembarcando em Gades, a moderna Cadiz. Parece ter ficado na Espanha muito pouco tempo (iv. 47). De lá viajou para a África e, ainda navegando, seguiu mais uma vez para a Sicília, onde as principais cidades e templos foram visitados (v. 11-14). De lá Apolônio voltou para a Grécia (v. 18), tendo se passado quatro anos desde que havia chegado em Atenas, de Lesbos (v. 19).[105]

---

[105] De acordo com alguns autores, Apolônio teria então sessenta e oito anos de idade. Porém se ele ainda era jovem (digamos mais ou menos com trinta anos)

De Pireus, nosso filósofo partiu para Chios (v. 21), e dali para Rodes e então para Alexandria (v. 24). Em Alexandria passou algum tempo e teve diversas entrevistas com o futuro Imperador Vespasiano (v. 27-41), iniciando então uma longa viagem, Nilo acima, até a Etiópia, além das cataratas, onde visitou uma interessante comunidade de ascetas chamada em termos genéricos de gimnosofistas (vi. 1-27).

Ao retornar a Alexandria (vi. 28), foi convocado por Tito, que recentemente havia se tornado imperador, para encontrá-lo em Tarso (vi. 29-34). Após esta entrevista, parece ter retornado ao Egito, pois Filostrato fala vagamente dele ter passado algum tempo no Baixo Egito e de suas visitas aos fenícios, cilianos, jonianos, aqueos e também à Itália (vi. 35).

Vespasiano foi imperador de 69 a 79 e Tito de 79 a 81. Como a entrevista de Vespasiano ocorreu pouco antes do início do reinado, é razoável concluir-se que alguns anos foram gastos por nosso filósofo em sua viagem à Etiópia e que, portanto, o relato de Dâmis é muito imperfeito. Em 81, Domiciano tornou-se imperador. Apolônio, assim como se opõe às loucuras de Nero, também criticou os atos de Domiciano. Consequentemente se tornou objeto de suspeita para o imperador. Porém, em vez de manter-se longe de Roma, decidiu enfrentar o tirano de frente. Saindo do Egito para a Grécia, tomando um navio em Corinto, viajou por via da Sicília para Puteoli, e dali para a embocadura do Tiber e, então, para Roma (vii. 10-16). Ali Apolônio foi julgado e absolvido (vii. 17-viii. 10). Partindo de Puteoli outra

---

quando partiu para a Índia, deve ter ficado por um longo período naquele país, ou então temos um registro muito imperfeito de suas andanças na Ásia Menor, Grécia, Itália e Espanha, após a sua volta.

vez, Apolônio voltou à Grécia (viii. 15), onde ficou dois anos (viii. 24). De lá mais uma vez zarpou para a Jônia por ocasião da morte de Domiciano (viii. 25), visitando Smirna, Éfeso e outras localidades favoritas. Ele então, por algum pretexto, envia Dâmis a Roma (viii. 28) e desaparece. Isto pode significar que, se nos é permitido especular, efetuou mais uma viagem ao lugar que amava acima de todos os outros, a 'terra dos homens sábios.'

Domiciano foi assassinado em 96 d.C., e um dos últimos atos registrados de Apolônio é sua visão deste evento, a distância, por ocasião de sua ocorrência. Portanto, o julgamento de Apolônio em Roma ocorreu cerca do ano 93, havendo, assim, um hiato de doze anos desde sua entrevista com Tito em 81, que Filostrato só consegue preencher com umas poucas histórias vagas e generalidades.

Quanto à sua idade na ocasião de seu desaparecimento misterioso das páginas da história, Filostrato relata-nos que Dâmis não diz nada; mas alguns, ele acrescenta, dizem que ele tinha oitenta anos, outros noventa ou mesmo uns cem anos.

A estimativa de oitenta anos parece ajustar-se melhor com o resto das indicações cronológicas, mas não há certeza sobre a questão com os materiais atualmente a nossa disposição.

Este então é o esboço geográfico, por assim dizer, da vida de Apolônio, e mesmo o leitor mais desinteressado do mero esboço das viagens registradas por Filostrato deve se impressionar com a energia indômita do homem e seu poder de resistência.

Voltamos agora nossa atenção a um ou dois pontos de interesse relacionados com os templos e as comunidades que ele visitou.

Capítulo 9

Nos Santuários dos Templos e nos Retiros Religiosos

Sabendo que os assuntos tratados com os sacerdotes dos templos e com as pessoas devotadas à vida mística era necessariamente de natureza muito íntima e secreta, pois naquele tempo era costume invariável traçar uma clara linha de demarcação entre o interno e o externo, o iniciado e o profano, não é de se esperar que possamos aprender algo a não ser as meras superficialidades da narrativa de Dâmis e Filostrato. No entanto, mesmo estas indicações exteriores são interessantes.

O templo de Esculápio em Ege, onde Apolônio passou os anos mais marcantes de sua vida, era um dos inúmeros hospitais da Grécia, onde a arte da cura era praticada em linhas totalmente diferentes dos nossos métodos atuais. Somos imediatamente introduzidos numa atmosfera carregada de influências psíquicas, em cujo centro, por séculos, os pacientes se congregaram para "consultar a Deus." Para fazer isto, era necessário que se submetessem a certas purificações preliminares e seguissem certas regras dadas pelos sacerdotes. Passavam, depois, a noite no santuário, e durante o sono lhes eram dadas instruções para a cura.

Este método, sem dúvida, só era usado quando a habilidade de cura do sacerdote tinha sido totalmente exaurida. De qualquer maneira, os sacerdotes deviam ser profundamente versados na interpretação destes sonhos e na sua razão de ser. Como Apolônio adorava passar o tempo no templo, é também evidente que ele devia encontrar ali satisfação para suas necessidades espirituais e instruções na ciência interior. Certamente, seus poderes inatos levaram-no rapidamente a superar seus instrutores, marcando-o como o "favorito de Deus." Os muitos casos registrados em nossos dias de pacientes em transe, ou em alguma outra condição psíquica, receitando para si mesmos, ajudará o estudante a compreender as inúmeras possibilidades de cura que, na Grécia, atribuíam à personificação de Esculápio.

Mais tarde o chefe dos sábios hindus sustenta uma discussão sobre Esculápio e a arte de cura (iii. 44), quando afirma ser a medicina dependente do diagnóstico psíquico e da presciência (μαντεια).

Finalmente, pode-se perceber que era costume invariável dos pacientes, ao se restabelecerem, registrar o fato numa placa *ex-voto* no templo, da mesma forma como é feito atualmente nos países católico-romanos.[106]

A caminho da Índia, Apolônio visitou várias vezes os Magos da Babilônia. Ele costumava visitá-los ao meio-dia e à meia-noite, porém Dâmis não sabia nada do que se passava, pois Apolônio não lhe permitia acompanhá-lo, e como resposta às suas perguntas diretas, ele somente respondia: "Eles são sábios, mas não em todas as coisas." (i. 26).

---

[106] Para um estudo mais recente em inglês sobre o assunto de Esculápio veja *O Culto de Asclépio,* por Alice Walton, Ph.D., em No. III. do *The Cornell Studies in Classical Philology* (Ithaca, N.Y.; 1894).

A descrição de uma certa sala, porém, à qual Apolônio teve acesso, parece ser uma versão deturpada do interior do templo. O telhado era em forma de domo e o teto era coberto com "safira." No céu azul havia modelos dos corpos celestes ("aqueles que eles consideram como Deuses") esculpidos em ouro, como se estivessem se movendo no éter. Além disto, do teto estavam suspensos quatro *iygges* douradas que os Magos chamavam de "línguas dos deuses." Eram rodas aladas, ou esferas, relacionadas com a ideia de Adrasteia (ou Destino). Seus protótipos foram descritos de forma imperfeita na Visão de Ezequiel, e as chamadas *hecatine strophali* ou *spherulae* usadas em práticas mágicas podem ter sido descendentes degenerados destas rodas vivas, ou esferas de elementos vitais. O assunto é extremamente interessante, mas não encontra ressonância adequada em nossa época atual de ceticismo e profunda ignorância do passado. Os Deuses que ensinaram nossa humanidade infantil eram, de acordo com a tradição oculta, de uma humanidade superior a esta que atualmente está evoluindo em nossa Terra. Eles deram o impulso e, quando as crianças da Terra pareciam suficientemente crescidas para seguirem por conta própria, eles se retiraram. Porém, a lembrança de seus atos e uma forma corrompida e degenerada dos mistérios que eles estabeleceram sempre permaneceram na memória do mito e da lenda. Videntes captaram vislumbres obscuros do que e como eles ensinaram. A tradição dos mistérios preservou parte desta recordação, em seus símbolos e instrumentos, ou artefatos. As *iygges* dos Magos eram tidas como uma relíquia desta memória.

Com relação aos sábios hindus é impossível discernir uma história consistente da fantástica confusão do romance de Dâmis-Filostrato. Dâmis parece ter feito confusão misturando memórias e trechos de conversas sem tentar distinguir uma comunidade ou seita da outra e, assim, produziu uma mancha turva que Filostrato pretende que consideremos como um retrato do "monte" e uma descrição de seus "sábios". As memórias confusas de Dâmis,[107] no entanto, dizem muito pouco sobre o verdadeiro monastério e seus habitantes ascéticos, que eram a meta da longa viagem de Apolônio. O que Apolônio ouviu e viu lá, seguindo seu hábito invariável em tais circunstâncias, não disse a ninguém, nem mesmo a Dâmis, exceto o que poderia ser obtido da seguinte frase enigmática: "Vi homens vivendo na Terra e no entanto sem pertencerem a ela, defendidos de todos os lados e, no entanto, sem nenhuma defesa; nada possuindo a não ser o que todos possuem." Estas palavras ocorrem em duas passagens (iii. 15 e vi. 11) e, em ambas, Filostrato acrescenta que Apolônio as escreveu[108] e as falou de forma enigmática. O significado desta afirmação não é difícil de adivinhar: eles estavam na Terra, mas não eram da Terra, pois suas mentes estavam focalizadas em coisas superiores; eram protegidos por seu poder espiritual inato, sobre o qual temos muitos exemplos na literatura hindu; e ainda, eles nada possuíam a não ser o que todos os homens possuem quando desenvolvem a parte espiritual de seu ser. Mas esta explicação não é suficiente para Filostrato e, assim, ele se vale de todas as memórias de Dâmis, ou melhor, de contos de viajantes, a respeito de levitação, ilusões mágicas e outras coisas mais.

O chefe da comunidade é chamado Iarchas, um nome que absolutamente não é indiano. A violência perpetrada contra todos os nomes estrangeiros pelos gregos é notória, e aqui temos que

[107] Ele evidentemente escreveu as anotações das viagens à Índia muito tempo depois de terem ocorrido.
[108] Isto mostra que Filostrato se deparou com elas em algum trabalho ou carta de Apolônio e, portanto, é independente do relato de Dâmis neste particular.

levar em consideração que houve um exército de copistas ignorantes além de Filostrato e Dâmis. Gostaria de sugerir que o nome pode ser talvez uma corruptela de *Arhat.*[109]

A ênfase da narrativa de Dâmis incide sobre o conhecimento psíquico e espiritual destes sábios. Eles percebem o que ocorre a distância, podem falar sobre o passado e o futuro e veem as vidas passadas dos homens.

O mensageiro enviado para encontrar-se com Apolônio levava o que Dâmis chama de uma âncora dourada (iii. 11, 17) e, se este é um fato autêntico, ela poderia sugerir um precursor do *dorje* tibetano, o símbolo degenerado atual do cetro do poder, algo semelhante ao raio empregado por Zeus. Isto também indicaria uma comunidade budista, porém devemos confessar que outras indicações apontam de forma igualmente forte a costumes brâmanes, tais como a marca de casta na testa do mensageiro (iii. 7, 11), o porte de varas de bambu *(danda)*, o uso de cabelos compridos e de turbantes (iii. 13). Porém, o relato inteiro é demasiadamente confuso para nos permitir qualquer esperança de extrair detalhes históricos.

Quanto à natureza da visita de Apolônio podemos, no entanto, julgar pela seguinte carta misteriosa a seus anfitriões (iii. 51): "Cheguei até vós por terra e franqueastes-me o caminho do mar; na realidade, ao compartirdes comigo a vossa sabedoria destes-me o poder de viajar pelo céu. Estas coisas relatarei aos gregos, e falarei de vós como se estivésseis presentes, porque não bebi a taça de Tântalo em vão."

É evidente nestas frases simbólicas que o "mar" e a "taça de Tântalo" estão relacionadas com a "sabedoria" que havia sido transmitida a Apolônio – a sabedoria que ele devia levar de volta

[109] I-ar♍as, ar♍a(t)s, *arhat.*

mais uma vez à memória dos gregos. Desta forma ele declara claramente que estava voltando da Índia com uma missão distinta e com os meios para realizá-la, pois não só havia bebido do oceano de sabedoria, ao aprender a *Brahma-vidyā* de seus lábios, mas havia aprendido como comunicar-se com eles apesar de seu corpo estar na Grécia e os deles na Índia.

Porém um significado tão simples – simples ao menos para qualquer estudante da natureza oculta – estava além da compreensão de Dâmis ou da de Filostrato. E, sem dúvida, é a menção da "taça de Tântalo"[110] nesta carta que sugere o episódio da taça inexaurível do amor, em iii. 32, e sua relação com as fontes míticas de Baco. Dâmis vale-se deste mito para "explicar" a última frase de Apolônio em que fala a respeito dos sábios, ou seja, que eles "possuíam nada a não ser o que todos possuíam" – que, no entanto, aparece em outra parte um pouco modificado, "nada possuindo, a não ser o que todos os homens possuem" (iii. 15).[111]

Ao retornar à Grécia, um dos primeiros santuários que Apolônio visitou foi o de Afrodite em Pafos, Chipre (iii. 58). A maior peculiaridade externa da adoração de Vênus em Pafos era a representação da deusa por um misterioso símbolo de pedra. Esta pedra parece ter sido do tamanho de um ser humano, mas com a forma cônica e com uma superfície lisa. Pafos, aparentemente, era o santuário mais antigo dedicado à Vênus na Grécia. Seus mistérios eram muito antigos, mas não autóctones, pois foram trazidos do continente que veio a ser depois a Cilícia, em épocas de remota antiguidade. A adoração ou consulta à Deusa fazia-se por meio de preces e da "pura chama do fogo," e o templo era um

---

[110] Tântalo é apresentado na fábula como tendo roubado a taça de néctar dos deuses; isto era a *amrita*, o oceano de imortalidade e sabedoria, dos indianos.
[111] As palavras ουδεν κεκτημενουσ η τα παντων, que Filostrato cita duas vezes desta forma, não podem certamente ser modificadas para μηδεν κεκτημε–νουσ τα παντων εχειν sem causar violência injustificada ao seu significado.

grande centro de adivinhação.[112]

Apolônio passou algum tempo ali e instruiu os sacerdotes longamente sobre seus ritos sagrados.

Na Ásia Menor, ficou particularmente satisfeito com o templo de Esculápio, em Pérgamo. Curou muitos pacientes ali e deu instruções sobre os métodos apropriados a serem adotados na obtenção de resultados confiáveis por meio da prescrição de sonhos.

Em Troia, nos dizem, Apolônio passou uma noite sozinho na tumba de Aquiles, um dos lugares de maior santidade popular na Grécia no passado (iv. 11). Por que ele fez isso não é mencionado, pois a conversa fantástica com a sombra do herói, relatada por Filostrato (iv. 16), parece destituída de qualquer elemento de verossimilidade. Como, no entanto, Apolônio fez questão de visitar a Tessalia, logo depois, expressamente para instar os tessalonicenses a renovarem os costumeiros ritos antigos ao herói (iv. 13), podemos supor que isso fazia parte de seu grande esforço para restaurar e purificar as antigas instituições da Grécia (Helas em grego), para que se abrindo esses canais, a vida pudesse fluir com mais força para o corpo nacional.

Também dizem os rumores que Aquiles havia dito a Apolônio onde ele poderia encontrar a estátua do herói Palamedes na costa da Eólia. Apolônio restaurou devidamente a estátua, e Filostrato nos diz que ele a teria visto com seus próprios olhos naquele lugar (iv. 13).

Atualmente, isto seria um assunto de muito pouco interesse, não fora a grande ênfase dada a Palamedes em outra parte da narrativa de Filostrato. O que isso tudo significa é difícil de dizer tendo Dâmis e Filostrato como intermediários entre nós e o silencioso e enigmático Apolônio.

---

[112] Veja Tacitus, *Historia,* ii. 3.

Palamedes foi um dos heróis antes de Troia, descrito nas fábulas como tendo inventado letras ou completado o alfabeto de Cadmo.[113]

Com estas duas obscuras declarações (iv. 13, 33), inferimos que nosso filósofo considerava Palamedes como o herói-filósofo do período troiano, apesar de Homero não dizer praticamente nenhuma palavra a respeito dele.

Foi esta, então, a razão por que Apolônio estava tão ansioso para restaurar sua estátua? Não inteiramente. Parece ter havido uma razão mais direta. Dâmis indica que Apolônio havia encontrado Palamedes na Índia; que esteve num monastério; que Iarchas havia um dia indicado um jovem asceta que podia "escrever sem jamais haver aprendido as letras", e que este jovem havia sido nada menos que Palamedes em uma de suas encarnações anteriores. Sem dúvida o cético dirá: "É lógico! Pitágoras foi uma reencarnação do herói Eufórbio que lutou em Troia, de acordo com a superstição popular. Portanto, naturalmente, o jovem indiano era a reencarnação do herói Palamedes! Uma lenda simplesmente gerou a outra." Mas baseado neste princípio, para sermos consistentes, deveríamos esperar descobrir que era o próprio Apolônio e não um desconhecido asceta indiano, que havia sido Palamedes.

De qualquer maneira, Apolônio restaurou os cultos a Aquiles e construiu uma capela onde colocou a estátua negligenciada de Palamedes.[114] Ao que parece, os heróis do período troiano ainda tinham alguma conexão com a Grécia, de acordo com a ciência do mundo invisível na qual Apolônio foi iniciado. E se o cético protestante não vê nenhum sentido nisso, ao menos o leitor

---

[113] Berwick, *Life of Apollonius* (*A Vida de Apolônio*), p. 200 *n*.

[114] Ele também construiu um muro ao redor da tumba de Leônidas em Termópilas (iv. 23).

católico romano pode ser induzido a suspender seu julgamento mudando "herói" para "santo".

É possível que a atenção conferida por Apolônio aos túmulos e monumentos fúnebres dos heróis mortos da Grécia tenha sido inspirada nas ideias que levaram à construção das inumeráveis dágobas e estupas nas terras budistas, originalmente sobre as relíquias do Buda, e a subsequente preservação das relíquias dos *Arhats* e grandes instrutores?

Em Lesbos, Apolônio visitou o antigo templo dos mistérios órficos que, em eras passadas, havia sido um grande centro de profecia e adivinhação. Aqui também ele teve o privilégio de entrar no santuário interno ou ádito (iv. 14).

Apolônio chegou em Atenas por ocasião da celebração dos Mistérios Eleusinos e, apesar do festival e dos ritos, não só o povo, mas também os candidatos correram em massa para recebê-lo, negligenciando seus deveres religiosos. Apolônio repreendeu-os e ele mesmo tomou parte nos ritos preliminares necessários e apresentou-se para a iniciação.

Talvez o leitor possa surpreender-se vendo que Apolônio, que já havia sido iniciado em segredos mais elevados que os eleusinos, se submetesse à iniciação. Mas a razão para isso não é difícil de compreender. Os eleusinos constituíam-se numa das organizações intermediárias entre os cultos populares e os genuínos círculos internos de instrução. Eles preservavam uma das tradições do Ocultismo, mesmo que seus oficiantes, ao longo do tempo, houvessem esquecido o que seus predecessores sabiam antigamente. Para restaurar estes ritos antigos à sua pureza, ou para utilizá-los para o seu objeto original, era necessário penetrar no interior da instituição; nada podia ser efetuado de fora. A coisa em si era boa, e Apolônio desejava apoiar a antiga instituição, dando o exemplo público de procurar a iniciação. Não que tivesse algo a ganhar pessoalmente.

Mas, seja porque o hierofante daquele tempo era somente ignorante, ou porque tinha inveja da grande influência de Apolônio, recusou-se a admitir nosso filósofo, alegando que ele era um feiticeiro (γοησ), e que ninguém podia ser iniciado se estivesse maculado pelo relacionamento com entidades malignas (δαιμο–νια). A esta acusação Apolônio respondeu com ironia velada: "Omitiste a acusação mais séria que poderia ter sido feita contra mim, ou seja, que eu realmente conheço mais a respeito do rito místico do que seu hierofante, no entanto, vim aqui pretendendo a iniciação por homens que saibam mais do que eu." Esta acusação seria verdadeira; ele havia feito uma simulação.

Desalentado com estas palavras, amedrontado com a indignação do povo sublevado pelo insulto feito ao seu convidado distinto e assombrado pela presença de um conhecimento que ele não mais podia negar, o hierofante implorou ao nosso filósofo que aceitasse a iniciação. Porém Apolônio se recusou. "Serei iniciado mais tarde," ele respondeu; "*ele* vai me iniciar." Ele teria se referido ao futuro hierofante, que viria presidir quando foi iniciado quatro anos mais tarde (iv. 18; v. 19).

Enquanto estava em Atenas, Apolônio criticou severamente a degeneração dos bacanais e as barbaridades dos combates dos gladiadores (iv. 21,22).

Os templos mencionados por Filostrato, que Apolônio visitou na Grécia, têm a peculiaridade de serem muito antigos; por exemplo, Dodona, Delfos, o antigo santuário de Apolo em Abe na Fócida, as "cavernas" de Anfiros[115] e Trofônio e, o templo das Musas em Helicona.

Quando entrava nos áditos destes templos com o propósito de restaurar os ritos, era acompanhado somente pelos sacerdotes e alguns de seus discípulos imediatos (γνωριμοι). Isto sugere uma extensão ao significado da palavra restauração ou reforma,

[115] Um grande centro de divinação por meio de sonhos (veja ii. 37).

e quando lemos em outra parte sobre os muitos lugares consagrados por Apolônio, não podemos deixar de pensar que parte deste trabalho era a reconsagração e, portanto, a purificação psíquica, de muitos destes antigos centros. Seu principal trabalho externo, porém, era dar instrução e, como dito retoricamente por Filostrato, "taças com suas palavras eram colocadas por toda parte para que os sedentos pudessem beber" (iv. 24).

Não só o nosso filósofo restaurou os antigos ritos da religião, mas também dedicou muita atenção às comunidades e instituições antigas. Assim, iremos encontrá-lo instando com sucesso os espartanos a retornarem ao seu antigo modo de vida, a seus exercícios atléticos, à vida frugal e à disciplina da velha tradição dórica (iv. 27, 31-34). Além disto, louvou especialmente a instituição dos Jogos Olímpicos, cujo alto padrão ainda era mantido (iv. 23), e corrigiu os abusos da assembleia Pan-iônica (iv.5).

Na primavera de 66 d.C., deixou a Grécia rumo a Creta, onde parece ter dedicado a maior parte do seu tempo aos santuários do Monte Ida e ao templo de Esculápio em Lebene ("pois assim como todos os que visitam a Ásia vão ao Pérgamo assim também quem vai a Creta visita Lebene"). Curiosamente se recusa a visitar o famoso Labirinto em Cnossos, cujas ruínas tinham sido recentemente descobertas para (o benefício de) uma geração de céticos, muito provavelmente (se é lícito especular) porque ele havia sido anteriormente um centro de sacrifício humano e, assim, pertencia a um dos antigos cultos de magia negra.

Em Roma Apolônio continuou o seu trabalho de reforma dos templos, e isto com o total assentimento do Pontífice Máximo Telesino, um dos cônsules do ano de 66 d.C., que também era um filósofo e um profundo estudante de religião (iv. 40). Porém sua estada na cidade imperial foi rapidamente interrompida, pois, em outubro, Nero coroou sua perseguição aos filósofos ao publicar um decreto banindo-os de Roma. Tanto Telesino (vii. 11) como Apolônio tiveram que deixar a Itália.

A seguir iremos encontrá-lo na Espanha, fazendo seu centro de operações no templo de Hércules em Cadiz.

Na sua volta para a Grécia, via África e Sicília (onde passou algum tempo e visitou o Etna), ele passou o inverno (de 67 d.C.?) em Elêusis, vivendo no templo, e na primavera do ano seguinte partiu de barco para Alexandria, detendo-se, por algum tempo, em Rodes. A cidade de filosofia e ecleticismo por excelência recebeu-o de braços abertos como um velho amigo. Porém reformar os cultos públicos do Egito era tarefa bem mais difícil do que qualquer outra tentada anteriormente. Sua presença no templo (o templo de Serapis?) impôs respeito total, tudo a seu respeito e cada palavra que pronunciava parecia respirar uma atmosfera de sabedoria e de algo divino. O sumo sacerdote do templo observava com orgulhoso desdém. "Quem é suficientemente sábio", ele perguntou zombeteiramente, "para reformar a religião dos egípcios?" – e foi confrontado com a réplica de Apolônio: "Qualquer sábio que venha de parte dos indianos." Neste caso, como em outros lugares, Apolônio foi contra o sacrifício de sangue e procurou substituí-lo, como havia tentado em outros lugares, pela oferenda de incenso modelado na forma da vítima (v. 25). Tentou reformar muitos abusos nos hábitos dos alexandrinos, mas em nenhum outro ponto foi tão severo como na condenação à excitação selvagem nas corridas de cavalo, que frequentemente acabavam em sangue (v. 26).

Apolônio parece ter passado a maior parte de seus últimos vinte anos de vida no Egito, mas sobre o que fez nos santuários sagrados daquela terra de mistérios não conseguimos captar nada de Filostrato, exceto que na longa viagem à Etiópia, Nilo acima, não deixou de visitar nenhuma cidade, templo ou comunidade e, por toda parte, houve um intercâmbio de conselhos e instruções sobre as coisas sagradas (v. 43).

Capítulo 10

Os Gimnosofistas do Alto Egito

Chegamos agora à visita de Apolônio aos gimnosofistas na Etiópia que, apesar do propósito artístico e literário da viagem de Apolônio no Egito, na elaboração de Filostrato, é apenas um simples incidente na verdadeira história da vida desconhecida de nosso misterioso filósofo naquela terra antiga.

Caso Filostrato tivesse devotado um ou dois capítulos à natureza das práticas, disciplina e doutrinas das inúmeras comunidades ascéticas e místicas que existiam por toda parte no Egito e nas terras adjacentes naquela época, ele teria ganho a gratidão ilimitada dos estudantes das origens. Porém, sobre tudo isso ele não escreve nem uma palavra e, no entanto, ele nos faz acreditar que as reminiscências de Dâmis eram uma série organizada de notas do que realmente aconteceu. Mas em todas as coisas é bem aparente que Dâmis era mais um companheiro de viagem do que um discípulo iniciado.

Quem então eram estes misteriosos gimnosofistas, como eram geralmente chamados, e donde procede o seu nome? Dâmis chama-os simplesmente de desnudos (γυμνοι), e fica bem claro que o termo não deve ser compreendido como mera referência à sua nudez física. Na verdade, nem para os indianos nem para estes ascetas do Alto Egito, este termo pode ser aplicado com propriedade em seu significado puramente físico, como se torna aparente pelas descrições de Dâmis e Filostrato. Uma frase fortuita que escapa dos lábios de um destes ascetas, ao contar a história de sua vida, propicia-nos um indício do verdadeiro significado do termo. "Com a idade de quatorze anos," ele diz à Apolônio, "abdiquei do meu patrimônio para aqueles que desejavam tais coisas e, *despido,* procurei os *despidos"* (vi. 16).[116]

Esta é a mesmíssima expressão que Fílon usa para as comunidades terapeutas, que ele declara serem numerosas em cada província do Egito e estarem espalhadas por todos países. No entanto, não devemos supor que estas comunidades eram todas da mesma natureza. É verdade que Fílon tenta provar que a mais piedosa e a principal de todas era a *sua* comunidade na margem sul do Lago Moeris, que era fortemente semítica senão judia ortodoxa; e para Fílon qualquer comunidade com uma atmosfera judia devia ser naturalmente a melhor. A peculiaridade e o principal interesse da nossa comunidade, que estava do outro lado das terras acima das cataratas, era que ela tinha tido alguma ligação remota com a Índia.

A comunidade é chamada um φροντιστηριον, no sentido de um lugar para meditação, um termo usado pelos escritores eclesiásticos para indicar um mosteiro, porém mais conhecido dos estudantes clássicos pelo uso humorístico dado a ele por

[116] A palavra γυμνοσ (despido), no entanto, geralmente quer dizer vestido com uma roupa leve, como, por exemplo, quando se diz que uma pessoa lavra a terra "despido", isto é, somente com uma peça de roupa, e isto é evidente da comparação feita entre o costume dos gimnosofistas e o dos povos no clima quente de Atenas (vi. 6).

Aristófanes, que nas *The Clouds* (As Nuvens) chama a escola de Sócrates *phrontisterion* ou "loja pensante". O conjunto de monastérios (*monasteria* - ιερα), presumivelmente cavernas, santuários ou celas,[117] estava situado numa colina, ou terreno em elevação, não longe do Nilo. Estavam separados uns dos outros, disseminados ao longo da colina e dispostos de forma engenhosa. Quase não havia árvores no lugar, com exceção de um grupo de palmeiras, debaixo de cuja sombra eles conduziam suas reuniões gerais (vi. 6).

Dos discursos imputados ao chefe da comunidade e a Apolônio (vi. 10-13, 18-22), é difícil de captar qualquer detalhe preciso sobre o modo de vida destes ascetas, além das indicações gerais de uma existência de muito trabalho e dificuldades físicas, que eles consideravam como o único meio de obter a sabedoria. Sobre a natureza do culto deles, se tinham algum, não temos informação, exceto que ao meio-dia os despidos retiravam-se para seus *monasteria* (vi. 14).

A tendência dos argumentos de Apolônio, não obstante, é lembrar à comunidade sua origem oriental e sua ligação primitiva com a Índia, que ela parecia ter esquecido. As comunidades deste tipo particular no sul do Egito e norte da Etiópia datavam, presumivelmente, de alguns séculos, e algumas podem ter sido remotamente budistas, pois um dos jovens membros da comunidade em exame, que a deixou para seguir Apolônio, diz que se juntou a ela devido aos relatos entusiásticos da sabedoria dos indianos feitos por seu pai, que tinha sido capitão de um navio que fazia comércio com o Oriente. Foi o seu pai quem lhe disse que estes "etíopes" procediam da Índia e, por isso, havia se juntado a eles em vez de fazer a longa e perigosa viagem ao próprio Indo (vi. 16).

[117] Pois eles não tinham nem cabanas nem casas, e viviam ao ar livre.

Caso haja alguma verdade nesta história, segue-se que os fundadores deste modo de vida tinham sido ascetas indianos e, neste caso, teriam pertencido à única religião indiana que fazia proselitismo, ou seja, a budista.

Depois de ter sido dado o impulso inicial, as comunidades, recrutadas presumivelmente de descendentes de egípcios, árabes e etíopes, foram provavelmente deixadas inteiramente por sua conta e, assim, logicamente, com o tempo esqueceram-se de sua origem e, talvez, até mesmo dos preceitos originais. Tais especulações são permissíveis, devido à asserção *repetida* da ligação original entre estes gimnosofistas e a Índia. A ideia central da história é que eles eram indianos e que haviam se esquecido de sua origem e se afastado da sabedoria.

O último incidente que Filostrato registra a respeito de Apolônio nos santuários e templos foi uma visita ao famoso e antiguíssimo oráculo de Trofônio, perto de Lebadea, na Beócia. Diz-se que Apolônio passou sete dias sozinho nesta misteriosa "caverna", tendo voltado com um livro cheio de perguntas e respostas sobre "filosofia" (viii. 19). Este livro ainda se encontrava, no tempo de Filostrato, no palácio de Adriano em Anco, junto com diversas cartas de Apolônio. Muitas pessoas costumavam visitar Anco com o propósito específico de ver este material (viii. 19, 20).

No celeiro de palavras confusas e lendárias registradas solenemente por Filostrato com relação à caverna de Trofônio, uma pequena fagulha da verdade talvez possa ser descoberta. A caverna parece ter sido um templo ou santuário muito antigo, cavado no coração de uma colina, ligada por numerosas passagens subterrâneas de considerável extensão. Provavelmente tinha sido, na antiguidade, um dos centros mais sagrados do culto arcaico de

Hélade, talvez até mesmo uma relíquia da Grécia de milhares de anos antes de Cristo, a única tradição, como nos diz Platão, que foi obtida, por Sólon, dos sacerdotes de Saïs. Ou ela pode ter sido um santuário subterrâneo da mesma natureza que a famosa caverna Dicteia em Creta, que só recentemente foi redescoberta pelos esforços infatigáveis dos Srs. Evans e Hogarth.

Com relação aos templos e às comunidades que Apolônio visitou, como também no caso das suas viagens, Filostrato é um *cicerone* muito desapontador. Mas talvez ele não deva ser culpado neste caso, pois a parte mais importante e interessante do trabalho de Apolônio, levada a cabo nas associações que guardavam zelosamente os segredos, era de natureza tão íntima, que ninguém fora de suas fileiras podia saber qualquer coisa a respeito, e aqueles que tomavam parte na iniciação não podiam dizer nada.

Portanto, somente quando Apolônio aparece em algum ato público é que podemos obter algum indício histórico preciso a seu respeito. Nos casos em que ele entra para o santuário de um templo ou na privacidade de uma comunidade perdêmo-lo de vista.

Talvez possa nos surpreender que Apolônio, após sacrificar sua fortuna pessoal, ainda pudesse realizar viagens tão longas e caras, mas parece que ele era ocasionalmente suprido com o dinheiro necessário pela tesouraria dos templos (cf. viii. 17), e que, em toda parte, era-lhe liberalmente oferecida a hospitalidade do templo ou da comunidade no lugar onde estivesse.

Para concluir esta parte do nosso tema, podemos mencionar o serviço meritório prestado por Apolônio ao expulsar alguns charlatões caldeus e egípcios que estavam se valendo do medo nas cidades da margem esquerda do Helesponto. Estas cidades haviam sofrido severos abalos sísmicos e, em pânico, colocaram grandes somas de dinheiro nas mãos destes aventureiros (que traficavam com o infortúnio dos outros), para que eles fizessem ritos propiciatórios (vi. 41). Aceitar dinheiro para dar instruções sobre a ciência sagrada ou para a realização de ritos sagrados era o crime mais detestável para todos os verdadeiros filósofos.

Capítulo 11

Apolônio e os Governantes do Império

Apolônio, movido por alguma razão inescrutável, não só vivificou e reconsagrou os antigos centros de religião, como fez o que pode para ajudar a vida religiosa da época em seus diversos aspectos. Teve ainda uma parte decisiva, embora indireta, nos destinos do Império, por meio de influência sobre seus governantes supremos.

Esta influência, porém, era invariavelmente de natureza moral e apolítica. Era exercida por meio de conversas e instruções filosóficas, de viva voz ou por carta. Da mesma forma como Apolônio em suas viagens conversava com reis,[118] governantes e magistrados, sobre filosofia e discorria sobre a vida do homem sábio e sobre os deveres de um governante sábio, procurava aconselhar, para o seu bem, os imperadores que lhe ouviam.

Vespasiano, Tito e Nerva foram, antes de usarem o manto real, amigos e admiradores de Apolônio, enquanto Nero e Domiciano consideravam o filósofo com temor.

---

[118] Ele passou, nos é dito, não menos do que um ano e oito meses com Vardan, Rei da Babilônia, e foi convidado de honra do rajá hindu Phraotes.

Durante a curta estada de Apolônio em Roma, em 66 d.C., ele foi, no entanto, levado diante Tigelino, o infame favorito de Nero, e submetido a um severo interrogatório, apesar de jamais ter deixado escapar a mais leve palavra que pudesse ser interpretada pelos inúmeros informantes como uma declaração insidiosa. Aparentemente, até este momento, Apolônio, trabalhando para o futuro, havia confinado sua atenção inteiramente à reforma da religião e à restauração das antigas instituições das nações, mas a conduta tirânica de Nero, que não dava sossego nem mesmo para os mais inocentes filósofos, finalmente abriu seus olhos para um mal mais imediato, que era nada menos do que o cerceamento da liberdade de consciência por uma tirania irresponsável. A partir de então, vamos encontrá-lo vivamente interessado nas pessoas dos sucessivos imperadores.

Realmente Dâmis, apesar de confessar sua completa ignorância sobre o propósito da viagem de Apolônio à Espanha, após sua expulsão de Roma, admite que era para ajudar a próxima revolta contra Nero. Ele faz esta conjetura baseado numa entrevista secreta de três dias que Apolônio teve com o governador da Província de Bética, que veio a Cadiz especialmente para vê-lo, e declara que as últimas palavras do visitante foram: "Adeus, e lembre-se de Vindex" (v. 10).

É verdade que bem pouco tempo depois eclodiu a revolta de Vindex, o Governador da Gália. Mas a vida e o caráter de Apolônio opõem-se a qualquer ideia de intriga política. Ao contrário, ele aguentou pessoalmente, com bravura, a tirania e a injustiça. Ele se opunha à ideia de Eufrates, um filósofo muito diferente que pregava o fim da monarquia e a restauração da república (v. 33). Apolônio acreditava que o governo monárquico era melhor para o Império, mas desejava acima de tudo ver o "rebanho humano" conduzido por um "pastor sábio e fiel" (v. 35).

Apolônio apoiou Vespasiano enquanto este manteve-se fiel a este ideal, mas criticou-o frontalmente quando despojou as cidades gregas de seus privilégios. "Escravizastes a Grécia," ele escreveu. "Reduzistes um povo livre à escravidão" (v. 41). No entanto, apesar desta crítica, Vespasiano, em sua última carta a seu filho Tito, confessa que eles eram o que eram unicamente por causa do bom conselho de Apolônio (v. 30).

Igualmente viajou a Roma para encontrar-se com Domiciano frente a frente e, apesar de ter sido levado a julgamento e do esforço para apresentá-lo como culpado de conspirar traiçoeiramente com Nerva, não foi possível culpá-lo de nada de natureza política. Nerva era um homem bom, disse Apolônio ao imperador, e não um traidor. Não que Domiciano tivesse realmente qualquer suspeita de que Apolônio estava pessoalmente conspirando contra ele. Lançou-o na prisão na esperança de que pudesse forçar o filósofo a revelar as confidências de Nerva e de outros homens eminentes que eram objetos de suspeita, e que imaginava teriam consultado Apolônio sobre suas possibilidades de sucesso. O interesse de Apolônio não era pela política, mas pelos "príncipes que pediam seu conselho sobre a questão da virtude" (vi. 43).

Capítulo 12

Apolônio, Profeta e Operador de Milagres

Vamos agora dirigir brevemente nossa atenção para o aspecto da vida de Apolônio que o tornou objeto de preconceito insuperável. Apolônio não foi somente um filósofo, no sentido de ser um especulador teórico ou partidário de um sistema de vida que disciplinasse para a resignação. Foi também um filósofo pitagórico na mais pura expressão da palavra – um conhecedor dos segredos da natureza, que podia então falar com autoridade.

Conhecia as coisas ocultas da natureza diretamente e não por ter ouvido falar delas. Para ele o caminho da filosofia era uma vida em que o próprio homem tornava-se um instrumento de conhecimento. A religião, não era somente uma fé, era uma ciência. O aspecto das coisas era apenas a aparência sempre mutante; cultos e ritos, religiões e crenças, eram todos uma coisa só, contanto que o reto espírito estivesse por trás deles. Ele não reconhecia diferenças de raça ou credo; estas estreitas limitações não eram para o filósofo.

Mais do que qualquer um, ele teria rido ao ouvir a palavra milagre aplicada ao que fazia. Milagre, no seu sentido teológico cristão, era um termo desconhecido na antiguidade e é um vestígio de superstição atualmente. Pois apesar de muitos acreditarem que é possível, por meio da alma, produzir muitos efeitos fora das possibilidades da ciência, que está confinada inteiramente à investigação das forças físicas, ninguém, a não ser os que não pensam, acredita que possa haver qualquer interferência no funcionamento das leis que a Deidade imprimiu à natureza – o credo dos que acreditam em milagres.

A maior parte dos feitos milagrosos de Apolônio são casos de profecia, ou de visão do futuro, de ver a distância e ver o passado, de cura dos doentes ou cura dos casos de obsessão ou possessão.

Ainda jovem, no templo de Ege, Apolônio deu sinais de possuir os rudimentos deste conhecimento psíquico. Não só percebeu corretamente a natureza do passado sombrio de um rico mas indigno suplicante que desejava a restauração de sua visão, mas previu, ainda que sem clareza, o triste fim de uma pessoa que tentara contra sua inocência (1. 12).

Quando se encontrou com Dâmis, este ofereceu-se para servi-lo voluntariamente na longa viagem à Índia, argumentando que sabia a língua de diversos países pelos quais deveriam passar. "Porém eu compreendo todas elas, apesar de não ter aprendido nenhuma delas," respondeu Apolônio na sua maneira enigmática usual, acrescentando: "Não fiques maravilhado pelo fato de eu conhecer todas as línguas dos homens, pois sei até mesmo o que eles nunca dizem" (i. 19). Com isto quis dizer simplesmente que podia ler os pensamentos dos homens, e não que pudesse falar todas as línguas. Porém Dâmis e Filostrato não entenderam um fato tão simples da experiência psíquica e fizeram-no conhecedor não só da língua de todos os homens, mas também dos pássaros e das feras (i. 20).

Em conversa com Vardan, o rei da Babilônia, Apolônio indica claramente possuir o dom da presciência. Diz que é um médico da alma e pode libertar o rei das doenças da mente, não só porque sabe o que deve ser feito, isto é, a disciplina apropriada ensinada nas escolas pitagóricas e outras similares, mas também porque conhece de antemão a natureza do rei (i. 32). Realmente, temos a informação de que a presciência (προγνωσεωσ), ciência (σοφια) de que Apolônio era um profundo estudioso, foi um dos principais tópicos discutido por nosso filósofo e seus anfitriões indianos (iii. 42).

De fato, como Apolônio diz ao seu amigo estudioso e filósofo, o cônsul romano Telesino, para ele, sabedoria era uma forma de divinizar, ou tornar divina toda a natureza, uma espécie de perpétuo estado de inspiração (θειασμοσ) (iv. 40). E, assim, dizem-nos que Apolônio estava ciente de todas as coisas desta natureza pela energia de seu *daemon* (δαιμονιωσ) (vii. 10). Para o estudante das escolas pitagóricas e platônicas o *daemon* (demônio) de um homem era o que poderia ser chamado de Eu Superior, o lado espiritual da alma distinto do puramente humano. É a parte superior do homem, e quando sua consciência física unifica-se com este "habitante do céu," então, de acordo com a filosofia mística mais elevada da Grécia antiga, passa a contar, aqui na Terra, com os poderes de seres intermediários incorpóreos situados entre os Deuses e os homens, chamados *daemons*. Num estágio mais elevado, o homem vivo alcança a união com sua alma divina e torna-se um Deus na Terra. E, num estágio ainda mais elevado, ele se une ao Bem e, então, torna-se Deus.

Portanto, vemos que Apolônio rejeitou com indignação a acusação de mago que ignorantemente lhe fora lançada, no sentido de que se tratava de uma arte que obtém seus resultados por meio de pactos com entidades inferiores que abundam no nível mais externo da natureza oculta. Nosso filósofo repudiava igualmente a ideia de ser um vaticinador, ou adivinhador.[119] Ele nada praticava neste sentido. Se alguma vez disse algo que se parecia com vaticínio, deu a entender que não o fazia por adivinhação no sentido vulgar, mas que era devido à "sabedoria que Deus revela aos sábios" (iv. 44).

A maior parte dos feitos maravilhosos imputados a Apolônio são precisamente exemplos de tal previsão, ou profecia.[120] Deve-se relembrar que os pronunciamentos registrados são amiúde obscuros e enigmáticos, mas isto é usual no caso de tais profecias, pois os eventos futuros são vistos frequentemente como uma representação simbólica, cujo significado não é claro até que tenham ocorrido, ou são ouvidos em sentenças igualmente enigmáticas. Às vezes, porém, temos casos de previsão muito precisa, tal como a recusa de Apolônio de entrar num navio que afundou na viagem (v. 18).

Os exemplos de visão de eventos que estão ocorrendo em outro local – tal como o incêndio de um templo em Roma, que Apolônio viu quando estava em Alexandria – são, entretanto, suficientemente claros. Se as pessoas, de fato, não sabem mais nada sobre Apolônio, pelo menos ouviram como ele viu em Éfeso o assassinato de Domiciano em Roma, no momento preciso de sua ocorrência.

---

[119] Existe uma clara dificuldade na escolha de terminologia para expressar os dons de Apolônio. Ele nega que faça previsões, porém, é claramente um vidente, no sentido de ter superado as limitações do tempo e do espaço, podendo ver no presente o que ocorre a distância, ou através das barreiras do passado e do futuro, intransponíveis para o homem comum (Nota Ed. Bras.).

[120] Veja i. 22 (cf. 40), 34; iv. 4, 6, 18 (cf. v. 19), 24, 43; v. 7, 11, 13, 30, 37; vi. 32; viii. 26.

Era meio-dia, para citarmos o relato vindo de Filostrato, e Apolônio estava num dos pequenos parques ou bosques no subúrbio, discorrendo sobre algum tópico cativante de filosofia. "Inicialmente ele diminuiu a voz como se estivesse apreensivo, porém, continuou sua exposição, mas de forma hesitante e com muito menos ênfase do que o habitual, como um homem que tinha outra coisa em sua mente que não aquela sobre a qual estava falando. Finalmente parou de falar, como se não pudesse encontrar as palavras. Então, encarando fixamente o chão, avançou uns três ou quatro passos, gritando: "Derrubem o tirano; derrubem-no!" E não parecia um homem que vê uma imagem num espelho, mas alguém com a cena real diante de seus olhos, como se ele mesmo estivesse tomando parte nela."

Voltando-se para a sua audiência atônita, ele disse o que havia visto. Mas apesar de desejarem que aquilo fosse verdade, eles se recusaram a acreditar, e acharam que Apolônio havia perdido a razão. Porém o filósofo respondeu gentilmente: "Vós, de vossa parte, tendes razão para conter a alegria até que as notícias vos sejam trazidas da forma usual, quanto a mim, vou agradecer aos Deuses por aquilo que eu mesmo vi" (viii. 26).

Não é de estranhar, então, se lemos, não só sobre diversos sonhos simbólicos, mas sobre suas devidas interpretações, um dos ramos mais importantes da disciplina esotérica da escola. (Veja especialmente i. 23, e iv. 34.) Tampouco ficamos surpresos ao ouvir que Apolônio, baseando-se inteiramente em seu íntimo saber, foi instrumento para a obtenção da liberação de um homem inocente em Alexandria, que estava a ponto de ser executado por um bando de criminosos (v. 24). Realmente, ele parecia ter conhecimento do passado secreto de muitos daqueles com quem entrava em contato (vi. 3, 5).

A posse de tais poderes não causa estranheza a uma geração como a nossa, para quem estes fatos da ciência psíquica estão se tornando cada dia mais familiares. Se damos crédito à narrativa evangélica e estamos familiarizados com a história geral daqueles tempos em que a cura da possessão e obsessão era comum, nem mesmo casos de cura por processos mesméricos (hipnose) deveriam nos surpreender, tampouco as chamadas "expulsões de espíritos malignos". Isto, no entanto, não nos condena a endossar as descrições fantásticas de tais acontecimentos em que Filostrato se perde. Se é possível pensar que Apolônio foi bem-sucedido em lidar com casos mentais obscuros – casos de obsessão e possessão – dos quais nossos hospitais e asilos estão cheios atualmente, e que estão, em geral, além da habilidade da ciência oficial, por causa de sua ignorância dos verdadeiros agentes em tais casos, é igualmente evidente que Dâmis e Filostrato tinham pouca compreensão do assunto e haviam dado asas à imaginação em suas narrativas. (Veja ii. 4; iv. 20, 25; v. 42; vi. 27, 43.) Porém, Filostrato em alguns casos só estava talvez repetindo a lenda popular, a mais conhecida das quais é a cura, em Efesus, da praga que Apolônio havia previsto em tantas ocasiões. A lenda popular nos conta que a praga devia-se a um velho mendigo sepultado sob um monte de pedras atiradas por uma multidão enfurecida. Quando Apolônio mandou que as pedras fossem removidas, descobriu-se que o que se pensava ser um mendigo, era agora um cão raivoso espumando pela boca (iv. 10)!

Por outro lado, o relato da "restauração à vida," por Apolônio, de uma moça de estirpe nobre em Roma, é feito com grande moderação. Nosso filósofo parece ter encontrado o cortejo fúnebre por acaso. Então, acercou-se do caixão e, depois de dar alguns passes magnéticos sobre a jovem e pronunciar algumas palavras inaudíveis, "despertou-a de sua aparente morte." Porém, diz Dâmis, "se Apolônio notou que a centelha da alma ainda residia nela, o que os amigos dela não tinham conseguido perceber – pois, eles disseram que estava caindo uma chuva fina e uma leve névoa pairava sobre o rosto dela – ou se ele fez com que a chama da vida esquentasse outra vez, reanimando-a assim," nem ele nem nenhum dos presentes podia dizer (iv. 45).

De natureza fenomênica mais distinta são as histórias de Apolônio referentes ao desaparecimento do escrito da lousa de ardósia de um de seus acusadores diante de Tigelino (iv. 44); a de ter retirado sua perna do grilhão, para mostrar a Dâmis que ele não era realmente prisioneiro apesar de acorrentado nas masmorras de Domiciano (vii. 38); e a de seu "desaparecimento" (ηφανισθη) diante do tribunal (viii. 5).[121]

Não devemos supor, no entanto, que Apolônio desprezava ou negligenciava o estudo dos fenômenos físicos em sua devoção à ciência das coisas ocultas. Ao contrário, temos diversos exemplos de sua rejeição da mitologia em favor de uma explicação física dos fenômenos naturais. Tal foi a sua explicação, por exemplo, da atividade vulcânica do Etna (v. 14, 17), e de uma onda gigante em Creta, sendo a última acompanhada da indicação correta do resultado mais imediato da ocorrência. De fato, uma ilha surgiu das águas em consequência de uma perturbação submarina, como foi subsequentemente descoberto (iv. 34). A explicação das marés em Cadiz também pode ser colocada na mesma categoria (v. 2).

[121] Esta expressão deve, no entanto, ser tomada provavelmente como retórica, pois em viii. 8, o incidente é referido apenas com as simples palavras "quando ele partiu" (απηλθε) do tribunal.

Capítulo 13

Seu Modo de Vida

Apresentaremos agora ao leitor algumas indicações gerais do modo de vida de Apolônio e sua maneira de ensinar, o que já foi de certa forma abordado quando se falou de sua juventude.

Nosso filósofo era um seguidor entusiástico da disciplina pitagórica, a tal ponto que Filostrato tenta nos fazer acreditar que ele desenvolveu esforços sobre-humanos para alcançar a sabedoria, superiores até mesmo aos realizados pelo grande filósofo de Samos (i. 2). As formas externas de sua disciplina, baseadas em Pitágoras, foram resumidas por nosso autor.

"Jamais se vestiu com algo que procedesse de um animal morto e se abstinha de comer as coisas que tivessem tido vida, nem as oferecia em sacrifício. Não achava apropriado que manchassem de sangue os altares, e que somente bolos de mel, incenso e cânticos se elevavam do homem até os Deuses, pois bem sabia que eles aceitariam estas oferendas muito melhor do que centenas de bois mortos à faca. Pois, em verdade, mantinha conversa com os Deuses e aprendia deles o que lhes era agradável ou odioso vindo dos homens e, desta forma, obtinha saber sobre a natureza. Quanto ao resto, dizia, os homens imaginavam coisas sobre o divino e tinham opiniões sobre os Deuses que eram comprovadamente falsas. Mas, no seu caso, confessou que Apolo apresentava-se sem disfarces,[122] e vinham também, embora não confessasse, Atenas, as Musas e outros Deuses, cujas formas e nomes a humanidade ainda não conhecia."

Portanto, seus discípulos consideravam Pitágoras como um instrutor inspirado e recebiam suas regras como leis. "Em particular mantinham a regra de silêncio com relação à ciência divina. Pois ouviam interiormente muitas coisas divinas e impronunciáveis, sobre as quais teria sido difícil manter silêncio se não tivessem aprendido desde o início que era justamente este silêncio que lhes falava" (i. 1).

Esta era a exposição geral da natureza da disciplina pitagórica feita por seus discípulos. Porém, Apolônio diz, em seu discurso aos gimnosofistas, que Pitágoras não foi o inventor dela. Ela pertencia à sabedoria imemorial, e o próprio Pitágoras aprendera-a com os indianos.[123] Esta sabedoria, ele continuou, havia falado com ele em sua juventude, dizendo:

"Para os sentidos, jovem senhor, não tenho encantos; minha taça está cheia até a borda com labuta. Caso alguém queira abraçar meu modo de vida, deve decidir-se a banir de sua dispensa toda comida que já tenha tido vida, perder a memória do vinho e não mais manchar a taça da sabedoria – a taça que consiste de almas não maculadas pelo vinho. Tampouco deve a lã aquecê-lo, nem o que é feito de qualquer animal. Dou aos meus servos calça-

[122] Isto quer dizer não numa "forma," mas em sua própria natureza.

[123] Veja neste particular L. v. Schroeder, *Pythagoras und die Inder, eine Untersuchung über Herkunft und Abstammung der pythagoreischen Lehren* (Leipzig; 1884).

dos de cortiça e aquilo em que podem dormir. E, se os encontro dominados pelos deleites do amor, tenho pronto fossas para onde a justiça, que segue imediatamente os passos da sabedoria, arrasta-os e lança-os. Na verdade, sou tão severa para aqueles que escolhem meu caminho, que até mesmo em suas línguas coloco uma corrente. Agora ouçam que coisas vocês ganharão se conseguirem persistir: um senso inato de conveniência e retidão, em que jamais sentirão que a situação de nenhum outro é melhor do que a sua; a capacidade de fazer com que os tiranos tenham medo em vez de vocês permanecerem escravos amedrontados da tirania; o dom de fazer com que os Deuses abençoem muito mais suas poucas dádivas do que as daqueles que vertem diante deles o sangue de bois. Se forem puros, dar-lhes-ei também o conhecimento de como as coisas serão, e encher-lhes-ei os olhos com tanta luz que poderão reconhecer os Deuses, conhecer os heróis, e provar e testar os fantasmas nebulosos que se disfarçam nas aparências humanas" (vi. 11).

A vida toda de Apolônio mostra que ele procurou de forma consistente viver de acordo com esta regra de vida. As repetidas declarações de que não iria jamais participar de sacrifícios sangrentos dos cultos populares (veja especialmente i. 24, 31; iv. 11; v. 25) e, ao contrário, sua condenação franca a isso, mostram não só que a escola pitagórica sempre estabeleceu o exemplo da mais elevada conduta por meio de oferendas mais puras, mas que seus seguidores não eram condenados e perseguidos como heréticos neste particular, mas eram considerados como seres de santidade peculiar e como adeptos de uma vida superior a dos mortais comuns.

A abstenção de comer carne, no entanto, não era baseada simplesmente em ideias de pureza. Ela encontrava sanção adicional no amor positivo aos reinos inferiores e no horror a infligir dor a qualquer criatura viva. Por isso, Apolônio recusou-se terminantemente a tomar parte numa caçada, quando convidado por seu anfitrião real na Babilônia. "Senhor", ele replicou, "esquecei-vos que mesmo quando sacrificais não estou presente? Pois, muito menos me agradaria ver matar estes animais, principalmente quando estão amedrontados e encontram-se encurralados, contrariando a sua natureza" (i. 38).[124]

Apesar de Apolônio ser extremamente exigente consigo mesmo, não procurava impor seu modo de vida aos outros, nem mesmo a seus amigos pessoais e companheiros (isto é, supondo-se que eles não o adotavam por vontade própria). Por isto ele diz a Dâmis que não quer proibi-lo de comer carne e beber vinho, ele simplesmente exige o direito de abster-se e de defender a sua conduta se solicitado a fazê-lo (ii. 7). Esta é uma indicação adicional de que Dâmis não era um membro do círculo interno de disciplina, e isto explica porque um seguidor tão fiel de Apolônio era mantido na ignorância.

Não só isso, mas Apolônio até mesmo dissuadiu o Rajá Farostes, seu primeiro anfitrião na Índia, de adotar sua regra rígida, porque o afastaria demasiadamente de seus súditos (ii. 37).

Apolônio orava e meditava três vezes ao dia: ao amanhecer (vi. 10, 18; vii. 31), ao meio-dia (vii. 10), e ao pôr do sol (viii. 13). Este parece ter sido seu hábito invariável; não importa onde estivesse, ele parece ter dedicado ao menos uns poucos momentos à meditação silenciosa nestes horários. Diz-se que o objeto de sua adoração era o "Sol", isto é, o Senhor de nosso mundo e dos mundos irmãos, cujo símbolo glorioso é a orbe do dia.

Já havíamos visto, no breve esboço dedicado aos primeiros anos de sua vida, como ele dividia o dia e dedicava seu tempo en-

---

[124] Isto tem referência aos parques de caça preservados, ou "paraísos," dos monarcas babilônicos.

tre suas diferentes classes de ouvintes e inquiridores. Seu estilo de ensinar e falar era oposto ao de um retórico ou orador profissional. Não havia arte em suas frases, nem tentativa de conseguir efeitos, nenhuma afetação. Mas ele falava "como de uma plataforma," com palavras como "eu sei," "penso," "porque vocês," "vocês deviam saber." Suas frases eram curtas e compactas, e suas palavras eram convincentes e ajustavam-se aos fatos. Sua tarefa, ele declarou, não era mais procurar e questionar como havia feito em sua juventude, mas ensinar o que sabia (i. 17). Não usava a dialética da escola socrática, mas conseguia que seus ouvintes deixassem tudo o mais e prestassem atenção exclusiva à voz interna da filosofia (iv. 2). Ele usava como exemplos ocorrências ou acontecimentos comuns (iv. 3; vi. 3, 38) e tudo mais com o propósito de melhorar seus ouvintes.

Quando levado a julgamento, não fez nenhum preparativo para a sua defesa. Continuou vivendo naturalmente o seu dia a dia, pois estava preparado para a morte e iria continuar assim (viii. 30). Além do mais, decidiu, então, desafiar deliberadamente a morte pela causa da filosofia. E, às repetidas solicitações de seu velho amigo para preparar sua defesa, respondeu desta forma:

"Dâmis, você parece perder seu controle em face da morte, apesar de estar comigo a tanto tempo, sabendo que amo a filosofia desde minha juventude.[125] Pensei que você estivesse preparado para a morte e soubesse perfeitamente bem minha orientação geral a este respeito. Pois, assim como os guerreiros no campo de batalha precisam não só de muita coragem, mas também do conhecimento do momento apropriado para lutar, da mesma forma, aqueles que amam a sabedoria devem observar cuidadosamente os bons momentos para morrer, para que possam escolher o me-

---

[125] Lendo φιλοσοφω em vez de φιλοσοφων.

lhor e não serem levados à morte despreparados. O fato de ter escolhido bem e aproveitado o momento mais apropriado para batalhar com a morte – caso exista alguém que deseje me levar à morte – provei-o a outros amigos quando você estava por perto e nunca cessei de lhe ensinar isso pessoalmente" (vii. 31).

Estas citações são indicações de como o nosso filósofo viveu, sem medo de nada e fiel ao seu elevado ideal. Vamos agora mencionar alguns de seus traços mais pessoais e os nomes de alguns de seus seguidores.

Capítulo 14

Apolônio e o seu Círculo

Diz-se que Apolônio era de extrema beleza (i. 7, 12; iv. 1);[126] porém, fora esta apreciação, não temos nenhuma descrição definitiva dele. Suas maneiras eram sempre suaves,

[126] Rathgeber (G) em seu *Grossgriechenland und Pythagoras* (Gotha; 1866), um trabalho de maravilhosa compilação bibliográfica, refere-se a três supostos retratos de Apolônio (p. 621). (i) No Museu Campidoglio do Vaticano, *Indicazione delle Sculture* (Roma; 1840), p. 68, nºs 75, 76, 77; (ii) no Museu Real Bourbon, descrito por Michel B. (Nápoles; 1837), p. 79, no. 363; (iii) uma face de moeda (contorneado) reproduzida por Visconti. Não consegui substanciar a sua primeira referência, porém num *Guide pour le Musée Royal Bourbon*, traduzido por C. J. J. (Nápoles; 1831), encontrei na p. 152 que o nº 363 é um busto de Apolônio, com uns 70 cm de altura, cuidadosamente executado, com uma cabeça parecida com Zeus, barba e cabelos longos descendo aos ombros, amarrados com uma fita larga. O busto parece ser antigo. Não consegui, porém, encontrar uma reprodução dele. Visconti (E.Q.), no atlas de sua *Iconographie Grecque* (Paris; 1808), vol. i. gravura 17, de frente para a p. 68, apresenta uma reprodução de um contorneado, ou medalha com uma borda circular, num lado da qual há um busto de Apolônio e a legenda em latim APOLLONIVS TEANEVS. Este também representa nosso filósofo com uma barba e cabelos longos; a cabeça está coroada, e a parte superior do corpo coberta com uma túnica e um manto de filósofo. A medalha, no entanto, é um trabalho artístico pobre, e o retrato não é em absoluto agradável. Visconti, em seu trabalho, devota um parágrafo irado e desdenhoso a Apolônio, "ce trop célèbre imposteur," como o chama, baseado em De Tillemont.

gentis (i. 36; ii. 22) e modestas (iv. 31; viii. 15) e, desta forma, diz Dâmis, ele se parecia mais com um indiano do que um grego (iii. 36). Porém, em algumas ocasiões, ele explodia com indignação contra alguma monstruosidade especial (iv. 30). Sua atitude era com frequência pensativa (i. 34) e, quando não estava falando, permanecia por muito tempo mergulhado em profunda meditação, durante a qual seus olhos permaneciam fixos no chão (i. 10 et al.).

Apesar de ser extremamente severo consigo mesmo, como já vimos, estava sempre pronto a dar desculpas pelos outros. Se, de um lado, elogiava a coragem dos poucos que permaneceram com ele em Roma, por outro, se recusava a culpar a covardia dos muitos que tinham fugido (iv. 38). Tampouco sua gentileza era demonstrada simplesmente com a abstenção de acusação, mas era sempre ativo em ações positivas de compaixão (cf. vi. 39).

Uma de suas pequenas peculiaridades era gostar de ser chamado de "tianês" (vii. 38), mas não sabemos o motivo desta preferência. É pouco provável que Apolônio fosse especialmente orgulhoso de seu lugar de nascimento, pois apesar de ser um grande amante da Grécia, a ponto de, às vezes, podermos chamá-lo de um patriota entusiasmado, seu amor por outros países era também muito pronunciado. Apolônio era um cidadão do mundo, se é que já houve algum, em cujo vocabulário não entrava a expressão 'terra de origem', e um sacerdote da religião universal em cujo vocabulário a palavra 'seita' não existia.

Apesar de sua vida extremamente ascética, foi um homem fisicamente forte. Ao alcançar a idade madura de oitenta anos, diz-se que ele tinha todos os membros e órgãos fortes e saudáveis, com o porte ereto e uma conformação perfeita. Havia também um certo charme indefinido em sua aparência que o tornava mais agradável do que o frescor da juventude, e isto apesar de sua face estar sulcada de rugas, exatamente como as estátuas no templo de Tiana o representavam na época de Filostrato. De fato, diz seu biógrafo retórico, a voz do povo fazia mais elogios ao charme de Apolônio em sua velhice do que sobre a beleza de Alcibíades em sua juventude (viii. 29).

Em resumo, nosso filósofo parece ter tido uma presença especialmente charmosa e uma disposição adorável. Tampouco sua devoção absoluta à filosofia era da natureza do ideal do eremita, pois ele passou a sua vida entre os homens. Não é de se estranhar que tenha atraído tantos seguidores e discípulos! Teria sido interessante se Filostrato nos tivesse contado mais a respeito destes "apolonianos", como eles eram chamados (viii. 21), e se eles constituíam uma escola distinta ou juntavam-se em comunidades de acordo com o modelo pitagórico ou se eram simplesmente estudantes independentes atraídos pela personalidade mais dominante da época no domínio da filosofia. É certo, no entanto, que muitos deles usavam a mesma roupa que ele e seguiam seu modo de vida (iv. 39). Repetidas menções são feitas também do fato de acompanharem Apolônio em suas viagens (iv. 47; v. 21; viii. 19, 21, 24), às vezes, até mesmo dez ao mesmo tempo, mas nenhum deles tinha permissão para falar aos demais até terem cumprido o voto de silêncio (v. 43).

Os mais ilustres de seus seguidores foram Musônio, considerado o maior filósofo da época posterior a Apolônio e que foi a principal vítima da tirania de Nero (iv. 44; v. 19; vii. 16), e Demétrio, "que amava Apolônio" (iv. 25, 42; v. 19; vi. 31; vii. 10; viii. 10). Estes nomes são bem conhecidos da história; dentre os nomes desconhecidos figuram o do egípcio Dioscórides, que ficou para trás devido a problemas de saúde na longa viagem à Etiópia (iv. 11, 38; v. 43), Mênipo, que Apolônio havia livrado de uma obsessão (iv. 25, 38; v. 43), Fédimo (iv. 11) e Nilo, que se juntou a ele, vindo dos gimnosofistas (v. 10 sqq., 28) e, é lógico,

Dâmis, que nos dá a impressão de estar sempre com ele desde a ocasião em que se encontraram em Nínive.

De um modo geral estamos inclinados a pensar que Apolônio não estabeleceu nenhuma organização nova; ele se serviu das já existentes, e seus discípulos eram aqueles pessoalmente atraídos por ele por uma afeição muito forte, que só podia ser satisfeita estando continuamente perto dele. Uma coisa parece certa: não treinou ninguém para continuar a sua tarefa. Ele veio e foi embora, ajudando e iluminando, mas não estabeleceu nenhuma tradição de uma linhagem definitiva, nem fundou nenhuma escola para ser continuada por sucessores. Nem mesmo ao sempre fiel companheiro Dâmis, de quem se despediu sabendo que seria pela última vez, disse sequer uma palavra sobre o trabalho ao qual havia devotado sua vida, mas que Dâmis nunca havia compreendido. Suas últimas palavras foram exclusivamente para Dâmis, para o homem que o amara sem contudo nunca entendê-lo. Foi uma promessa de retornar se ele precisasse de ajuda: "Dâmis, sempre que pensares sobre assuntos elevados, em íntima meditação, ver-me-ás" (viii. 28).

Passaremos a considerar, a seguir, algumas sentenças imputadas a Apolônio e discursos que lhe foram atribuídos por Filostrato. As declarações mais curtas são com bastante probabilidade, tradicionalmente autênticas, mas os discursos são, na maior parte, manifestamente o trabalho artístico em cima das anotações toscas de Dâmis. De fato, houve sobre isso uma declaração definitiva. Apesar disso, são interessantes, neste particular, por duas razões.

Em primeiro lugar, elas afirmam honestamente sua natureza, sem ter nenhuma pretensão de inspiração. São documentos humanos confessos, que procuram dar uma roupagem literária ao tradicional corpo de pensamento e ensinamento que o filósofo, em vida, construiu na mente de seus ouvintes. O método era comum na antiguidade, e os antigos compiladores de algumas outras séries de documentos famosos ficariam atônitos se pudessem ver como a posteridade iria divinizar seus esforços e considerá-los como inspirados diretamente pela fonte de toda a sabedoria.

Em segundo lugar, apesar de sabermos que não estamos lendo as verdadeiras palavras de Apolônio, temos consciência de estar em contato imediato com a atmosfera interna do melhor pensamento religioso da inteligência grega e de que temos diante dos olhos o quadro de uma fermentação mística e espiritual que ocorreu em todas as camadas da sociedade no primeiro século de nossa era.

Capítulo 15

Sobre seus Ditos e Sermões

Apolônio acreditava na prece, porém de uma forma muito diferente da vulgar. Para ele, era uma blasfêmia a ideia de que os Deuses podiam modificar o curso da reta justiça pelas súplicas dos homens. Seria impensável, para o nosso filósofo, que os Deuses pudessem ser partidários de nossas esperanças egoístas e medos. Sabia somente uma coisa, que os Deuses eram oficiantes da justiça e os dispensadores severos do que era justamente merecido. A crença comum, que persistiu até os nossos dias, de que Deus pode ser influenciado em Seu propósito, que pactos podem ser feitos com Ele ou com seus ministros era inteiramente abominável para Apolônio. Seres com os quais tais pactos podiam ser efetuados, que podiam ser influenciados e redirecionados, não eram Deuses, senão menos do que homens. E, assim, encontramos Apolônio quando jovem dizendo a um dos sacerdotes de Esculápio:

"Como os Deuses conhecem todas as coisas, penso que uma pessoa de reta consciência que entra no templo deveria orar da seguinte maneira: 'Dai-me, ó Deuses, o que me é devido!'" (i. 11).

E assim também orou em sua longa viagem à Índia, quando na Babilônia: "Deus do Sol, enviai-me por sobre a Terra tão longe quanto o convenha a Ti e a mim, e que eu possa conhecer o bem e nunca conhecer os maus nem eles a mim." (i. 31).

Uma de suas preces mais usuais, Dâmis nos diz, era neste sentido: "Concedam-me, ó Deuses, ter pouco e não necessitar de nada" (i. 34).

"Quando entrais nos templos, qual é a vossa oração?", perguntou o grão-pontífice Maximus Telesino ao nosso filósofo. "Rezo", disse Apolônio, "para que o direito possa imperar, para que as leis sejam obedecidas, os sábios sejam pobres e os demais, ricos, porém honestos" (iv. 40).

A crença do filósofo no grande ideal de que não tendo nada se possui todas as coisas está exemplificada por sua resposta ao oficial que lhe perguntou como ele ousava penetrar os domínios da Babilônia sem permissão. "Toda a Terra é minha;" disse Apolônio, "e me foi dado viajar por ela" (i. 21).

Em muitas ocasiões foram oferecidas somas de dinheiro a Apolônio por seus serviços, mas ele invariavelmente as recusava; não só isso, mas seus seguidores também recusavam todos os presentes. Quando o Rei Vardan, com generosidade verdadeiramente oriental, ofereceu-lhes presentes, eles recusaram, e Apolônio então disse: "Veja só, minhas mãos, embora sejam muitas, são todas iguais". E quando o rei perguntou a Apolônio que presente ele lhe traria da Índia, nosso filósofo respondeu: "Um presente que vai lhe agradar, senhor. Pois, se minha estada lá me tornar mais sábio, voltarei para o senhor melhor do que sou atualmente" (i. 41).

Quando estavam atravessando as grandes montanhas no caminho para a Índia, diz-se que ocorreu uma conversa entre Apolônio e Dâmis, que se nos apresenta como um bom exemplo de como nosso filósofo sempre usava os incidentes cotidianos para inculcar as lições superiores de vida. A questão referia-se ao "abaixo" e "acima". Ontem, disse Dâmis, nós estávamos *abaixo* no vale; hoje estamos *acima*, no alto das montanhas, não longe dos céus. Isto então é o que você quer dizer com "abaixo" e "acima," disse Apolônio gentilmente. Ora, é lógico, retrucou Dâmis com impaciência, se estou com a cabeça no lugar; qual a necessidade destas perguntas sem necessidade? E você adquiriu maior conhecimento da natureza divina estando mais perto do céu no topo das montanhas? Continuou seu mestre. Você acha que aqueles que observam o céu das alturas das montanhas estão mais perto da compreensão das coisas? Para dizer a verdade, respondeu Dâmis, um tanto cabisbaixo, eu *realmente* penso que deveria sair daqui mais sábio, pois subi numa montanha mais alta do que os outros homens, mas temo que não sei mais do que antes de ter subido nela. O mesmo ocorre com os outros homens, respondeu Apolônio; "estas observações fazem-nos ver o céu mais azul, as estrelas maiores e o sol sair do sono da noite, que são coisas conhecidas daqueles que cuidam de ovelhas e cabras; mas como Deus cuida da espécie humana e como lhe apraz a honra que lhe prestam, que é a virtude, o direito, e a temperança, que nem o (monte) Athos revelará àqueles que escalam seu cume ou mesmo o do Olimpo que excita a imaginação do poeta, a menos que seja a alma o que eles percebem. Pois a alma, quando pura e imaculada, entrega-se a esta contemplação, juro-vos, pode alçar-se num voo muito, mas muito mais sublime do que estes altos Caucasus" (ii. 6).

Outra vez, quando em Termópilas, seus seguidores estavam discutindo qual era o lugar mais alto na Grécia, estando o monte Eta no horizonte. Eles estavam justamente ao pé da colina na qual os espartanos foram dizimados a flechadas. Subindo no topo desta colina, Apolônio exclamou: "E eu penso que *este* é o ponto mais alto, pois aqueles que morreram aqui por causa da liberdade elevaram-no à altura do Eta e acima de mil Olimpos" (iv. 23).

Eis aqui outro exemplo de como Apolônio usava eventos ocasionais para seus propósitos. Numa ocasião, em Éfeso, num dos passeios cobertos perto da cidade, ele estava falando sobre o compartilhamento de bens entre as pessoas, e como deveriam ajudar-se mutuamente. Casualmente, um bando de pardais estava pousado numa árvore bem perto, em perfeito silêncio. De repente outro pardal voou e começou a cantar, como se quisesse dizer algo aos outros. Então os pequenos pássaros também começaram a cantar e voaram atrás do recém-chegado. A supersticiosa audiência de Apolônio ficou enormemente chocada com esta conduta dos pardais, e acharam que era um augúrio sobre alguma questão importante. Porém o filósofo continuou o seu sermão. O pardal, disse ele, havia convidado seus amigos para um banquete. Um menino havia escorregado numa trilha perto e derramado boa parte dos grãos que estava carregando num vaso; ele juntou parte dos grãos e foi embora. O pequenino pardal, observando por acaso os grãos esparramados, imediatamente voou para convidar seus amigos para o banquete.

Então, a maior parte do grupo saiu correndo para comprovar a veracidade do fato, e, quando voltaram, gritando e muito ansiosos, plenos de admiração, o filósofo continuou: "Vocês veem o cuidado que os pardais têm uns com os outros, e como ficam felizes em compartilhar todos os seus bens. E, no entanto, nós homens não aprovamos; não somente isto, mas até se vemos um homem repartindo seus bens com outros homens, chamamos isto de desperdício, extravagância, e outros nomes do gênero, e chamamos de bajuladores e parasitas às pessoas a quem ele dá uma parte. Que alternativa temos, então, senão trancar-nos em casa no escuro, como aves na engorda e entupirmos a barriga, até estourarmos de gordos?" (iv. 3).

Em outra ocasião, em Smirna, Apolônio, vendo um navio partir, aproveitou a oportunidade para ensinar ao povo uma lição da cooperação. "Observem a tripulação do barco!", ele disse.

"Enquanto alguns tripulam o barco, outros levantam as âncoras e as colocam em posição, outros estendem as velas para aproveitar o vento, e outros ainda cuidam da proa e da popa. Porém, se um único homem não executar um destes deveres ou o fizer mal feito, eles velejarão mal e terão a tempestade criando-lhes problemas. Mas se estipularem uma rivalidade saudável, sendo sua única disputa a que nenhum pareça pior do que os demais companheiros, boa sorte terá tal barco, e bom tempo e bonança os acompanharão" (iv. 9).

Outra vez, estando em Rodes, Dâmis lhe perguntou se ele achava que havia algo maior do que o famoso Colosso. "Eu acho," respondeu Apolônio; "o homem que trilha o caminho da sabedoria sem malícia, que nos dá saúde" (v. 21).

Existem também inúmeros relatos de respostas espirituosas ou sarcásticas do nosso filósofo e, na verdade, apesar de sua disposição geralmente grave, frequentemente, zombava de seus ouvintes e, às vezes, se podemos dizer isto, fazia pilhérias para mostrar a tolice deles (veja especialmente iv. 30).

Mesmo em momentos de grande perigo esta característica está presente. Um bom exemplo é sua resposta à perigosa pergunta de Tigelino, "O que você pensa de Nero?" "Penso melhor a respeito dele do que você," replicou Apolônio, "pois você acha que ele deveria cantar, e eu acho que ele deveria manter-se calado" (iv. 44).

Assim, também, sua reprimenda a um jovem rico da época é tanto espirituosa quanto sábia. "Jovem senhor," ele disse, "creio que não é você quem possui sua casa, mas sua casa que lhe possui" (v. 22).

Do mesmo estilo é também sua resposta a um glutão que se orgulhava de sua glutonia. Ele imitava Hércules, segundo diziam, que era famoso tanto pelo que comia quanto por seus trabalhos.

"Sim," disse Apolônio, "pois ele era Hércules. Mas você, que virtude tem, monte de esterco? Sua única pretensão à notoriedade é sua chance de explodir" (iv. 23).

Porém, voltemos a ocasiões mais sérias. Em resposta à honesta solicitação de Vespasiano, "Ensine-me o que um bom rei deveria fazer," dizem que Apolônio respondeu mais ou menos com as seguintes palavras:

"O que me perguntais não pode ser ensinado. Pois o reinado é a coisa mais elevada ao alcance de um mortal, mas não é ensinado. Porém, vou dizer-vos algo que, se fizerdes, será de bom proveito. Não conteis com a riqueza que está armazenada – que vale menos que um monte de areia, nem tampouco no que vem dos homens que gemem com o peso avassalador dos impostos – pois o ouro que se obtém com lágrimas é vil e negro. Usareis a riqueza melhor do que qualquer rei se supriris as necessidades do povo e tornardes a riqueza segura para aqueles que têm muitas posses. Tendes medo do poder de fazer tudo o que quiserdes, para que venhais a usá-lo com mais prudência. Não corteis as espigas que se sobressaem às outras, elevando suas cabeças – pois Aristóteles não é justo neste particular[127] – mas, ao contrário, separai sua insatisfação, como as pragas do trigo, e fazei temer os promotores de discórdia em vez de dizer, 'Vou lhe punir' dizei 'eu *farei* isto.' Obedecei a lei, ó príncipe, pois legislareis com mais sabedoria se vós mesmo não desprezardes a lei. Prestai reverência mais do que nunca aos Deuses; grandes são as dádivas que recebestes deles, e orai por grandes coisas.[128] No que concerne ao estado agi como um rei. No que tange a vós mesmo, agi como uma pessoa comum" (v. 36). E assim prosseguiu, no mesmo espírito, pleno de bons conselhos e mostrando um profundo conhecimento dos assuntos humanos. Se somos levados a supor que isto é meramente um exercício retórico de Filostrato e não baseado na substância do que Apolônio disse, então devemos

---

[127] Veja Chassang, *op. cit.*, p. 458, para uma crítica desta declaração.

[128] Isto ocorreu antes de Vespasiano tornar-se imperador.

ter uma opinião mais elevada do escritor do que o resto do seu trabalho merece.

Houve um diálogo socrático extremamente interessante entre Tespesião, o abade da comunidade gimnosofista e Apolônio, sobre os méritos comparativos das maneiras gregas e egípcias de representar os Deuses. Este diálogo transcorre aproximadamente como segue:

"Devemos pensar," disse Tespesião, "que Fidias e Praxiteles (dois grandes escultores gregos – NT) subiram ao céu e colheram impressões das formas dos Deuses, para fazerem segundo elas sua arte, ou se valeram de outro mais para fazer sua modelagem?"

"Sim, foi por outro meio," disse Apolônio, "algo fecundo de sabedoria."

"E qual foi? Certamente você não pode dizer que foi outra coisa a não ser a imitação?"

"A imaginação as produziu – um artífice bem mais sábio do que a imitação; pois a imitação só faz aquilo que viu, enquanto a imaginação o que nunca foi visto, concebendo-o na forma em que a coisa realmente é."

A imaginação, diz Apolônio, é uma das faculdades mais poderosas, pois ela nos capacita a chegar mais perto da realidade. Supõe-se, geralmente, que a escultura grega era meramente uma glorificação da beleza física, desprovida da espiritualidade. Era uma idealização de forma e feições, membros e músculos, uma glorificação vazia do físico, naturalmente sem nada realmente correspondendo a ela na natureza das coisas. Porém, Apolônio declarou que ela nos trazia mais perto do real, como Pitágoras e Platão afirmaram antes dele, e como todos os mais sábios ensinam. Ele assegurou isto literalmente, não de forma vaga e fantástica. Asseverou que os arquétipos e as ideias das coisas são as únicas realidades. Ele quis dizer que, entre a imperfeição da Terra e o modelo divino mais elevado de todas as coisas, havia graus de crescente perfeição. Dizia que em cada homem havia uma forma de perfeição, se bem que logicamente ainda não seja a perfeição absoluta. Que o anjo no homem, seu *daemon*, era de uma beleza quase divina, a somatória de todas as feições mais delicadas que ele já havia apresentado em todas as suas muitas vidas na Terra. Os Deuses, também, pertenciam ao mundo dos arquétipos, dos modelos, das perfeições, o mundo-céu. Os escultores gregos haviam conseguido entrar em contato com este mundo, e a faculdade que eles usavam era a imaginação.

Esta idealização da forma era uma maneira valiosa de representar os Deuses; porém, diz Apolônio, se você coloca um falcão, uma coruja, ou um cachorro em seus templos, para representar Hermes, Atenas ou Apolo, você pode dignificar os animais, mas você faz com que os Deuses percam dignidade.

Ouvindo isso, Tespesião responde que os egípcios não ousam dar nenhuma forma precisa aos Deuses, representando-os meramente por símbolos, aos quais está ligado um significado oculto.

Sim, responde Apolônio, mas o perigo é que as pessoas comuns adoram estes símbolos e concebem ideias pouco lisonjeiras dos Deuses. O melhor de tudo seria não ter absolutamente nenhuma representação. Pois a mente do adorador pode formar e modelar para si uma imagem do objeto de sua adoração melhor do que qualquer arte.

Muito bem, retorquiu Tespesião, para então acrescentar maldosamente que houve um velho ateniense que, a propósito, não era nenhum tolo, chamado Sócrates, que jurava pelo cachorro e pelo ganso como se fossem Deuses.

Sim, respondeu Apolônio, ele não era nenhum tolo. Ele jurava por estes animais não por serem Deuses, mas para evitar jurar pelos Deuses (iv. 19).

Esta é uma passagem de humor agradável, do egípcio contra o grego, mas todos estes argumentos devem ser entendidos mais como exercícios retóricos de Filostrato do que as palavras de Apolônio, que ensinava como "uma pessoa de autoridade," como "de uma plataforma." Apolônio, um sacerdote da religião universal, poderia ter indicado o lado bom e o ruim tanto da arte religiosa grega como egípcia e, certamente, ensinou a forma mais elevada de devoção simbólica, e não iria patrocinar um culto popular em detrimento de outro. No diálogo acima aparece um claro preconceito contra o Egito e uma glorificação da Grécia, e isto ocorre de uma forma bastante acentuada em diversos outros discursos. Filostrato era um apologista da Grécia contra todos os outros; mas Apolônio, acreditamos, era mais sábio do que seu biógrafo.

Apesar da roupagem literária artificial que é dada aos discursos mais longos de Apolônio, eles contêm muitos pensamentos nobres, como podemos ver das seguintes citações de conversas de nosso filósofo com seu amigo Demétrio, que estava procurando dissuadi-lo de enfrentar Domiciano em Roma.

A lei, disse Apolônio, obriga-nos a morrer pela liberdade, e a natureza ordena-nos morrer por nossos pais, nossos amigos ou nossas crianças. Todos os homens são compelidos por estes deveres. Porém, um dever mais elevado é dado ao sábio, ele deve morrer por seus princípios e pela verdade, que ele preza mais do que a vida. Não é a lei que determina esta escolha para ele, não é a natureza, é a força e a coragem de sua alma. Ainda que o fogo ou a espada possam ameaçá-lo, não vão suplantar sua resolução ou forçá-lo a dizer a menor inverdade. Porém, ele vai guardar os segredos da vida dos outros e tudo o que foi confiado à sua honra tão religiosamente quanto os segredos da iniciação. Sei mais do que outros homens, pois sei que de tudo o que sei, eu sei algumas coisas para o homem bom, algumas para o sábio, algumas para mim mesmo, algumas para os Deuses, mas nada para os tiranos.

Penso também que um homem sábio não faz nada sozinho ou para si mesmo; nenhum pensamento seu é tão secreto que ele mesmo não seja sua testemunha. E quer o famoso ditado "conhece-te a ti mesmo" seja de Apolo ou de algum outro sábio que aprendeu a conhecer a si mesmo e proclamou-o como bom para todos, creio que o homem sábio que conhece a si mesmo e mantém seu espírito em constante camaradagem para lutar ao seu lado, não vai temer o que as pessoas vulgares têm medo, não vai ousar fazer o que a maior parte dos homens faz sem a menor vergonha (vii. 15).

No texto acima vemos o desdém do verdadeiro filósofo pela morte e também o conhecimento tranquilo do iniciado, do confortador e conselheiro de quem os segredos de suas vidas foram confiados, que nenhuma tortura pode abrir seus lábios. Aqui, também, temos o pleno conhecimento do que é a consciência da impossibilidade de esconder o menor traço do mal no mundo interior e também o brilho deslumbrante de uma ética superior, que faz com que a conduta habitual da multidão pareça surpreendente – "aquilo que eles fazem – sem envergonhar-se."

Capítulo 16

Sobre Suas Cartas

Apolônio parece ter escrito muitas cartas a imperadores, reis, filósofos, comunidades e estados, ainda que não fosse, de forma alguma, um "intenso correspondente"; de fato, o estilo de suas curtas notas é extremamente conciso, e elas foram compostas, como Filostrato diz, "semelhante a um bastão lacedemoniano"[129] (iv. 27 e vii. 35).

É evidente que Filostrato teve acesso a cartas atribuídas a Apolônio, pois cita diversas delas,[130] e não parece haver nenhuma razão para duvidar de sua autenticidade. Onde as obteve, ele não nos informa, a menos que pertencessem à coleção de Adriano em Anco (viii. 20).

---

[129] No original em inglês: *scytale,* significando um esteio, ou bastão, usado como um criptograma para escrever despachos. "Uma tira de couro era enrolada enviesada ao redor dele, no qual os despachos eram escritos ao comprido, de tal forma que quando desenrolado eles eram ininteligíveis; os comandantes no exterior tinham um bastão da mesma espessura, ao redor do qual eles enrolavam seus papéis, e assim eram capazes de ler os despachos." (Liddell e Scott's Lexicon sub voc.) Portanto, veio a significar geralmente um despacho espartano, que era caracteristicamente lacônico em sua brevidade.

[130] Veja i. 7, 15, 24, 32; ii. 51; iv. 5, 22, 26, 27, 46; v.2, 10, 39, 40, 41; vi. 18, 27, 29, 31, 33; viii. 7, 20, 27, 28.

Para que o leitor possa julgar o estilo de Apolônio, anexamos um ou dois espécimes destas cartas, ou melhor, notas, pois elas eram demasiadamente curtas para merecer o título de epístolas. Aqui está uma para magistrados de Esparta:

"Apolônio aos Éforos, saudações!

"É possível que homens não cometam erros, mas é necessário homens nobres para reconhecer que os tenham feito."

Em todas elas Apolônio usa cerca de metade das palavras usuais em grego. Entre elas encontra-se, também, uma interessante troca de notas entre os dois maiores filósofos da época, ambos tendo sido prisioneiros e colocados em constante perigo de morte.

"Apolônio para Musônio, o filósofo, saudações!

"Quero ver-te, compartilhar discurso e teto e ser-te de ajuda. Se ainda acreditas que Hércules salvou, no passado, Teseu dos Hades, escreve o que desejas. Adeus!"

"Musônio para Apolônio, o filósofo, saudações!

"Bons méritos serão acumulados por ti por teus bons pensamentos; o meu destino é o de uma pessoa que aguarda seu julgamento e a comprovação de sua inocência. Adeus."

"Apolônio para Musônio, saudações!

"Sócrates recusou ser retirado da prisão por seus amigos e apresentou-se diante dos juízes. Ele foi sentenciado à morte. Adeus."

"Musônio para Apolônio, o filósofo, saudações!

"Sócrates foi sentenciado à morte porque não preparou a sua defesa. Eu farei isso. Adeus!"

Porém, Musônio, o Estoico, foi enviado para uma colônia penal por Nero.

Aqui está uma nota ao cínico[131] Demétrio, outro amigo muito devotado do nosso filósofo.

---

[131] Filósofo da antiga Grécia que negava a sinceridade e abnegação do ser humano. (Nota Ed. Bras.)

"Apolônio, o filósofo, para Demétrius, o cão,[132] saudações!

"Eu te dou Titus, o imperador, para ensiná-lo a forma da realeza, e tu, por tua vez, me dás (a oportunidade) para dizer-lhe a verdade; diga-lhe todas as coisas, mas sem raiva. Adeus!"

Além das notas citadas no texto de Filostrato, existe uma coleção de noventa e cinco cartas, na maior parte breves notas, cujo texto foi impresso em muitas edições.[133] Quase todos os críticos são de opinião que elas não são genuínas, mas Jowett[134] e outros acham que algumas delas podem muito bem ser genuínas.

Aqui vão um ou dois exemplos destas cartas. Apolônio, escrevendo para Eufrates, seu grande opositor, que dizem teria sido o campeão da pura ética racionalista contra a ciência das coisas sagradas, diz:

17. "Os persas chamam magos àqueles que têm a faculdade divina (ou que são semelhantes a Deus). Um mago é pois um ministro dos Deuses, ou que recebeu da natureza a faculdade de ser semelhante a Deus. Você não é um mago, mas rejeita os Deuses (i.e., é um ateísta)."

Mais uma vez, numa carta endereçada a Criton, lemos:

23. "Pitágoras disse que a arte mais divina era a da cura. E se a arte da cura é a mais divina, ela deve se ocupar da alma bem como do corpo; pois nenhuma criatura pode ser saudável enquanto a parte mais elevada nele estiver doente."

Escrevendo aos sacerdotes de Delfos contra a prática de sacrifícios de sangue, ele diz:

27. "Heráclito era um sábio, mas ele mesmo[135] nunca aconselhou o povo de Éfeso a lavar a lama com lama."[136]

---

[132] Isto é, da escola dos cínicos.

[133] Chassang (*op. cit.*, pp. 395 sqq.) oferece uma tradução delas para o francês.

[134] Art. *Apollonius*, Dic. Smith de Class. Biog.

[135] Isto quer dizer, um filósofo de 600 anos atrás.

[136] Isto é, expiar a culpa sanguinária com sacrifício sanguinário.

Mais uma vez, para aqueles que clamam ser seus seguidores, os "que se creem sábios," ele escreve a reprimenda:

43. "Se uma pessoa disser que é meu discípulo, acrescente que também se mantém afastado das termas, que não sacrifica nenhuma coisa viva, não come carne, está livre da inveja, da maldade, do ódio, da calúnia e de sentimentos hostis, e teve seu nome inscrito entre os homens que alcançaram sua liberdade."

Entre estas cartas encontra-se uma um pouco mais longa dirigida a Valério, provavelmente P. Valério, o asiático, cônsul em 70 d.C. É uma carta sábia de consolação filosófica para capacitar Valério a enfrentar a perda de seu filho, diz assim:[137]

"Não há morte de ninguém, a não ser na aparência, como não há nascimento de ninguém, a não ser aparentemente. A mudança de ser para tornar-se parece o nascimento, e a mudança de tornar-se para ser parece a morte, mas na realidade ninguém jamais nasce nem morre jamais. É simplesmente ser visível e então invisível; primeiramente pela densidade da matéria, e depois devido à sutileza do ser – que é sempre o mesmo, sendo sua única alteração o movimento e repouso. Pois ser tem necessariamente esta peculiaridade, a de que sua alteração seja efetuada sem nenhuma influência externa, pois o todo subdivide-se em partes, e as partes juntam-se no todo, na unidade da totalidade. Se ocorre a pergunta: o que é isto que às vezes é visto e às vezes não é visto, num momento é o mesmo, noutro já é diferente? Poder-se-ia responder: é a natureza de tudo aqui no mundo inferior, que quando está preenchida com matéria é visível, devido à resistência de sua massa, mas é invisível, devido à sua sutileza, quando está livre da matéria, apesar de a matéria ainda estar ao seu redor e fluir através dela nesta imensidade do espaço que a encerra, mas que não conhece nascimento nem morte.

[137] Chaignet (A.É.), em seu *Pythagore et la Philosophie Pythagoricienne* (Paris; 1873, 2ª ed. 1874), cita esta como um exemplo genuíno da filosofia de Apolônio.

Porém, por que esta falsa noção (de nascimento e morte) persistiu por tanto tempo sem ser refutada? Algumas pessoas pensam que são a causa do que aconteceu por seu intermédio. Ignoram que os pais são o meio e não a causa do nascimento. Da mesma forma como as plantas que saem da terra não são produzidas por ela. A mudança que ocorre com o indivíduo não é causada por seu corpo visível, mas pela mudança naquela coisa que nele está.

E que outro nome podemos dar a isso senão 'ser primordial'? É somente isso que age e experimenta, tornando-se tudo para todos através do todo, é a deidade eterna, privada e injustiçada de seu próprio ser por nomes e formas. Porém, isso é uma coisa menos séria do que se lamentar por um homem, quando ele passa para a condição de Deus pela mudança de estado e não pela destruição de sua natureza. O fato é que em vez de permanecer de luto pela morte dever-se-ia honrá-la e reverenciá-la. A melhor maneira e a mais digna para honrar-se a morte é deixar para Deus aquele que se foi e voltar a governar aqueles que ficaram aos nossos cuidados como estávamos acostumados a fazer. Seria uma desgraça, para um homem como você, ficar devendo sua cura ao tempo e não à razão, pois o tempo faz cessar o sofrimento até mesmo das pessoas comuns. A coisa mais importante é um governo forte, e entre os maiores governantes é o melhor aquele que consegue primeiro governar a si mesmo. E como admitir-se o desejo de mudar o que foi determinado pela vontade de Deus? Se há uma lei para as coisas, e ***existe*** *uma, e se Deus a estabeleceu, o homem justo não terá nenhum desejo de tentar mudar as coisas boas, pois tal desejo seria egoísmo e contra a lei, mas ele pensará que tudo o que ocorre é bom. Avante! Curai-vos, oferecei justiça aos desgraçados e consolai-os, secando desta forma as suas lágrimas. Não deveis colocar vossos próprios problemas acima dos deveres públicos, ao contrário, colocai vossos deveres públicos antes de vossos problemas pri-*

vados. Vede quanta consolação já tivestes! A nação se entristece convosco por causa de vosso filho. Dai algo em retorno para aqueles que choram convosco e fareis isso mais rapidamente se cessardes de chorar. Não tendes amigos? Pois tendes, na verdade, outro filho. Não tendes ainda aquele que partiu? "Tem sim!" – responderá qualquer pessoa que realmente pense. Pois 'aquilo que é' não cessa jamais de ser. Do contrário creríamos que o não ser chegará a ser. E como poderia ser assim, pois o ser jamais passará ao não ser.

Também será dito que não tendes fé em Deus e sois injusto. Isso é verdade. Falhais na vossa fé em Deus, carecei de justiça para com vosso filho; mais ainda, carecei de piedade para com ele também. Não sabeis o que é a morte? Então me fazei perecer e enviai-me em companhia da morte, e quando estiver desprovido desta envoltura material,[138] *serei melhor do que você."*[139]

[138] Isso é sua ideia da morte.

[139] O sentido da última frase é muito obscuro.

Capítulo 17

Os Escritos de Apolônio

Além destas cartas, Apolônio também escreveu diversos tratados, dos quais, no entanto, somente um ou dois fragmentos foram preservados. Estes tratados são os seguintes:

a. Os Ritos Místicos ou *Com Relação aos Sacrifícios.*[140] Este tratado é mencionado por Filostrato (iii. 41; iv. 19), que nos conta que ele estabelece o método apropriado de sacrifício para cada Deus, as horas apropriadas para oração e oferendas. Circulou amplamente, e Filostrato encontrou cópias dele em muitos templos e cidades e nas bibliotecas de alguns filósofos. Diversos fragmentos foram preservados,[141] sendo que o mais importante é encontrado em Eusébio,[142] e diz o seguinte: "É melhor não fazer nenhum sacrifício a Deus, não acender um fogo, não chamá-lo por qualquer nome que os homens empregam para as coisas dos sentidos. Pois Deus está acima de tudo, é o primeiro; é somente

[140] O título completo é dado por Eudocia, Ionia; ed. Villoison (Venet.; 1781), p. 57.
[141] Veja Zeller, *Phil. d. Griech,* v. 127.
[142] *Praeparat. Evangel.*, iv. 12-13; ed. Dindorf (Leipzig; 1867), i. 176, 177.

depois Dele que vêm os outros Deuses. Não necessita de nada, mesmo dos Deuses, muito menos de nós pequenos homens, nem nada do que a terra produz, nem nenhuma vida que ela sustenta ou mesmo qualquer coisa que o ar límpido contém. O único sacrifício adequado a Deus é a melhor razão do homem, e não a palavra[143] que sai de sua boca.

Nós homens deveríamos pedir o melhor aos seres, por meio do melhor que temos em nós, porque é bom – quero dizer por meio da mente, pois a mente não precisa de nenhuma coisa material para fazer a sua prece. Assim, então, para Deus, o Todo Poderoso, que está acima de tudo, nenhum sacrifício deveria ser ofertado."

Noack[144] diz-nos que o conhecimento acadêmico está convencido de que este fragmento é genuíno. Este livro, como vimos, circulou amplamente e foi considerado com o maior respeito, sendo dito que suas regras foram gravadas em pilares de bronze em Bizâncio.[145]

b. Os Oráculos ou *Sobre a Adivinhação,* quatro livros. Filostrato (iii. 41) parece pensar que o título completo era *Adivinhação pelas Estrelas,* e diz que era baseado no que Apolônio havia aprendido na Índia; mas o tipo de adivinhação sobre o qual Apolônio escreveu não era a astrologia comum, mas algo que Filostrato considera superior a arte humana ordinária neste assunto. Porém, ele nunca ouviu falar de ninguém que tivesse um exemplar deste livro raro.

---

[143] Um jogo de significados de λογοσ, que significa tanto razão como palavra.
[144] *Psyche*, I. ii. 5.
[145] Noack, *ibid.*

c. A Vida de Pitágoras. Porfírio refere-se a este trabalho,[146] e Jâmblico cita uma longa passagem dele.[147]

d. O Testamento de Apolônio, sobre o qual já fizemos menção ao tratarmos das fontes de Filostrato (i. 3). Ele foi escrito no dialeto jônico, e contém um resumo de suas doutrinas.

Um Hino à Memória é também imputado a ele, e Eudócio fala de muitos outros (και αλλα πολλα) trabalhos.

Com isso, acabamos de indicar ao leitor toda a informação que dispomos com relação ao nosso filósofo. Será que Apolônio foi, então, um velhaco, um malandro, um fanático, um desorientado entusiasmado ou um filósofo, um reformador, um trabalhador consciente, um verdadeiro iniciado, um dos grandes seres da Terra? Isso cada um deve decidir por si mesmo, de acordo com seu conhecimento ou sua ignorância.

De minha parte abençoo sua memória e de bom grado receberia suas instruções, como ele é agora.

---

[146] Veja Noack, Porphr. Vi. Pythag., p. 15.

[147] Ed. Amstelod., 1707, cc. 254-264.

Capítulo 18

Notas Bibliográficas

Literatura do Século Dezenove Sobre Apolônio

Jacobs (F.), *Observationes in ..... Philostrati Vitam Apollonii* (Jena; 1804), puramente filológico, para a correção do texto.

Legrand d'Aussy (P. J. B.), *Vie d'Apollonius de Tyane* (Paris; 1807, 2 vols.).

Bekker (G. J.), *Specimen Variarum Lectionum ..... em Philost.* Vitae App. Librum primum (1808); puramente filológico.

Berwick (E.), *The Life of Apollonius of Tyana,* traduzido do grego de Filostrato, com Notas e Ilustrações (Londres; 1809).

Lancetti (V.), *Le Opere dei due Filostrati,* tradução italiana (Milano; 1828-31); em "Coll. degli Ant. Storici Greci volga--rizzati."

Jacobs (F.), *Philostratus: Leben des Apollonius von Tyana,* na série "Griechische Prosaiker," tradução alemã (Stuttgart; 1829-32), vols. xlviii. lxvi., cvi., cxi., cada um contendo dois livros; uma combinação editorial inconveniente.

Baur (F. C.), *Apollonius von Tyana und Christus oder das Verhält-*

niss des Pythagoreismus zum Christenthum (Tübingen; 1832); reimpresso de Tübinger Zeitschrift für Theologie.

Segunda edição de E. Zeller (Leipzig; 1876), em *Drei Abhandlungen zur Geschichte der alten Philosophie und ihres Verhältnisses zum Christhenthum.*

As edições de Kayser e Westermann como referidas anteriormente no capítulo 5.

Newman (J. H.), *Apollonius Tyanaeus - Miracles* na Encyclopaedia Metropolitana de Smedley (Londres; 1845), x. pp. 619-644.

Noack (L.), *Apollonius von Tyana ein Christusbild des Heidenthums,* em sua revista Psyche: Populärwissenschaftliche Zeitschrift für die Kentness des menschlichen Seelen - und Geistes-lebens (Leipzig; 1858), Bd. i., Heft ii., pp. 1-24.

Müller (I. P. E.), *Commentatio qua de Philostrati in componenda Memoria Apoll. Tyan. fide quaeritur,* I.-III. (Onoldi et Landavii; 1858-1860).

Müller (E.), *War Apollonius von Tyana ein Weiser oder ein Betrüger oder ein Schwärmer und Fanatiker? Ein Culturhistorische Untersuchung* (Breslay; 1861, 4to), 56 pp.

Chassang (A.), *Apolllonius de Tyane, sa Vie, ses Voyages, ses Prodiges, par Philostrate, et ses Lettres,* tradução do grego com introdução, notas e esclarecimentos (Paris; 1862), com o título adicional, *Le Merveilleux dans l'Antiquité.*

Réville (A.), *Apollonius the Pagan Christ of the Third Century* (Londres; 1866), tradução do francês. O original não está no Museu Britânico.

Priaulx (O. de B.), *The Indian Travels of Apollonius of Tyana,* etc. (londres; 1873), pp. 1-62.

Mönckeberg (C.), *Apollonius von Tyana, ein Weihnachtagabe* (Hamburg; 1877), 57 pp.

Pettersch (C. H.), *Apollonius von Tyana der Heiden Heiland, ein philosophische Studie* (Reichenberg; 1879), 23 pp.

Nielsen (C. L.), *Apollonios fra Tyana og Filostrats Beskrivelse af hans Levnet* (Copenhagen; 1879); o Apêndice (pp. 167 sqq.) contém uma tradução dinamarquesa de Eusébio Contra Hierocles.

Baltzer (E.), *Apollonius von Tyana, aus den Griech. übersetzt u. erläutert* (Rudolstadt i/Th.; 1883).

Jessen (J.), *Apollonius von Tyana und sein Biograph Philostratus* (Hamburg; 1885, 4t.), 36 pp.

Tredwell (D. M.), *A Sketch of the Life of Apollonius of Tyana, or the first Ten Decades of our Era* (New York, 1886).

Sinnett (A. P.), *Apollonius of Tyana,* nas Transactions (Nº 32) of the London Lodge of the Theosophical Society (Londres; 1898), 32 pp.

O estudante também pode consultar os artigos nos Dicionários usuais e Enciclopédias, nenhum dos quais, no entanto, demanda menção especial. Não consegui consultar o artigo erudito de P. Cassel no Vossische Zeitung de Nov. 24, 1878.

Algumas Indicações da Literatura Sobre as Associações Religiosas entre os Gregos e os Romanos.

Böckh (A.), *Die Staatshaushaltung der Athener* (1ª ed. 1817). Para literatura mais antiga, veja i. 416, n.

Van Holst, *De Eranis Veterum Graecorum* (Leyden; 1832).

Mommsen (T.), *De Collegiis et Sodaliciis Romanorum* (Kiel; 1843).

Mommsen (T), *Römische Urkunden, iv. - Die Lex Julia de Collegiis und die lanuvinische Lex Collegii Salutaris,* art. no Zeitschr. für geschichtl. Rechtswissenschaft (1850), vol. xv. 353. sqq.

Wescher (C.), *Recherches épigraphiques en Grèce, dans l'Archipel et en Asie Mineure,* arts. no Le Moniteur de Oct. 20, 23, e 24, 1863.

Wescher (C.), *Inscriptions de l'Ile de Rhodes relatives à des Sociétés religieuses*; *Notice sur deux Inscriptions de l'Ile de Théra relatives à une Société religieuse*; *Notes sur une Inscription de Théra publiée par M. Ross et relative à une Societé religieuse*; *arts. em La Revue archéologique* (Paris; nova série, 1864), x. 460 sqq.; 1865, xii. 214 sqq.; 1866, xiii. 245 sqq.

Foucart (P.), *Des Associations religieuses chez les Grecs, Thases, Éranes, Orgéons, avec le Texte des Inscriptions relatives à ces Associations* (Paris; 1873).

Lüders (H. O.), *Die dionyschischen Künstler* (Berlin; 1873).

Cohn (M.), *Zum römischen Vereinsrecht: Abhandlung aus der Rechtsgeschichte* (Berlin; 1873). Também a notícia deste trabalho no Philol. Jaresbericht de Bursian (1873), ii. 238-304.

Henzen (G.), *Acta Fratrum Arvalium quae supersunt; ..... accedunt Fragmenta Fastorum in Luco Arvalium effossa* (Berlin; 1874).

Heinrici (G.), *Die Christengemeinde Korinths und die religiösen genossenschaften der Griechen; Zur Geschichte der Anfange paulinischer Gemeinden; arts. no Zeitschr. für wissensch. Theol.* (Jena, etc.; 1876), pp. 465-526, particularmente pp. 479 sqq.; 1877, pp. 89-130.

Duruy (V.), *Du Régime municipal dans l'Empire romain,* art. em *La Revue historiqué* (Paris; 1876), pp. 355 sqq.; também a sua *Histoire des Romains* (Paris; 1843, 1844), i. 149 sqq.

De Rossi, *Roma Sotteranea* (Roma; 1877), iii. 37 sqq., e especialmente pp. 507 sqq.

Marquardt (J.), *Römische Staatsverwaltung,* iii. 131-142, no vol. vi. de Marquardt e Mommsen, *Handbuch der römischen Altherthümer* (Leipzig; 1878); um excelente resumo com notas valiosas especialmente a seção "Ersatz der Gentes durch die Sodalitates für fremde Culte."

Boissier (G.), *La Religion romaine d'Auguste aux Antonins* (Paris; 2ª ed. 1878), ii. 238-304 (1ª ed. 1874).

Hatch (E.), *The Organization of the Early Christian Churches: The Bampton Lectures for 1880* (Londres; 2ª ed. 1882); veja especialmente Lecture ii., "Bishops and Deacons," pp. 26-32; edição alemã Die Gesellschaftsverfassung der christlichen Kirchen in Althertum (1883), p. 20; consulte-a para literatura adicional.

Newmann (K. J.), "θιασωται Ιησου" art. em Jahrbb. für prot. Theol. (Leipzig, etc.; 1885), pp. 123-125.

Schürer (E.), *A History of the Jewish People in the Time of Jesus Christ,* trad. inglesa (Edinburgh; 1893), Div. ii. vo. ii. pp. 255 e 300.

Owen (J.), *On the Organization of the Early Chruch, an Introductory Essay to the English translation of Harnack's Sources of the Apostolic Canons* (Londres; 1895).

Anst (E.), *Die Religion der Römer;* vol. xiii. Darstellungen aus dem Gebiete der nechtchristlichen Religionsgeschichte (Münster i. W.; 1899).

Veja também o art. de Whiston and Wayte *Arvales Fratres,* e os arts. de Moyle *Collegium* e *Universitas*, em Smith, Wayte and Marindin's Dict. of Greek and Roman Antiquities (Londres; 3ª ed. 1890-1891); e também, é lógico, os arts. *Collegium* e *Sodalitas* na Realencyclopädie der classichen Alterthumswissenschaft de Pauly, apesar de estarem agora um pouco desatualizados.

Livros para Viver Melhor

A Vida de Cristo

Do Nascimento à Ascensão

Geoffrey Hodson

O grande mérito do livro *A Vida de Cristo* é que nele o autor revela em detalhes as chaves que usa para a interpretação sistemática do relato bíblico.

Assim, o leitor poderá acompanhar, passo a passo, a lógica do trabalho à medida que os principais versículos dos quatro evangelistas vão sendo examinados.

Uma vez retirado o véu da simbologia e da alegoria encontramos uma mensagem reveladora com profundos ensinamentos para todos aqueles que anseiam por trilhar o caminho estreito que leva ao Reino dos Céus.

Livros para Viver Melhor

O Chamado dos Upanixades

Rohit Mehta

A herança cultural e espiritual da Índia é ao mesmo tempo vasta e rica, sendo tão universal em seu apelo e em sua abordagem, que pertence ao mundo todo.

Os Upanixades, enquanto escrituras sagradas do Hinduísmo (entre 1.000 a.C e 600 a.C), são comentários aos Vedas, contendo sua essência mística.

Pode-se dizer que a fonte dessa herança se encontra nos Grandes Upanixades, que contém os princípios essenciais da Filosofia Perene.

Vemos nos instrutores dos Upanixades e em sua abordagem de vida, tanto um brilho de intelecto quanto uma profunda intensidade de emoção, trazendo para a sua obra uma atmosfera em que a disciplina inflexível da mente coexiste com a informalidade amistosa do coração.